Sobre a pedagogia

Coleção Textos Fundantes de Educação
Coordenador: Antônio Joaquim Severino

– *A reprodução – Elementos para uma teoria do sistema de ensino*
   Pierre Bourdieu e Jean-Claude Passeron
– *O homem com um mundo estilhaçado*
   A.R. Luria
– *Do ato ao pensamento – Ensaio de psicologia comparada*
   Henri Wallon
– *De magistro*
   Santo Agostinho
– *Psicogênese e história das ciências*
   Jean Piaget e Rolando Garcia
– *Educação e Sociologia*
   Émile Durkheim
– *Educação para uma sociedade em transformação*
   W.H. Kilpatrick
– *Sobre a pedagogia*
   Immanuel Kant

Dados Internacionais de Catalogação na Publicação (CIP)
(Câmara Brasileira do Livro, SP, Brasil)

Kant, Immanuel, 1724-1804
   Sobre a pedagogia / Immanuel Kant ; tradução de Tomas da Costa. – Petrópolis, RJ : Vozes, 2021. – (Coleção Textos Fundantes de Educação).

   Título original: Über die Pedagogik
   ISBN 978-655-5713-215-9

   1. Educação – Filosofia 2. Filosofia alemã I. Título. II. Série.

21-72979   CDD-370.1

Índices para catálogo sistemático:
1. Educação : Filosofia   370.1

Cibele Maria Dias – Bibliotecária – CRB-8/9427

Immanuel Kant

Sobre a pedagogia

Tradução de Tomas da Costa

Petrópolis

Tradução realizada a partir do original em alemão intitulado
Über die Pedagogik

© desta tradução:
2021, Editora Vozes Ltda.
Rua Frei Luís, 100
25689-900 Petrópolis, RJ
www.vozes.com.br
Brasil

Todos os direitos reservados. Nenhuma parte desta obra poderá ser reproduzida ou transmitida por qualquer forma e/ou quaisquer meios (eletrônico ou mecânico, incluindo fotocópia e gravação) ou arquivada em qualquer sistema ou banco de dados sem permissão escrita da editora.

CONSELHO EDITORIAL

Diretor
Gilberto Gonçalves Garcia

Editores
Aline dos Santos Carneiro
Edrian Josué Pasini
Marilac Loraine Oleniki
Welder Lancieri Marchini

Conselheiros
Francisco Morás
Ludovico Garmus
Teobaldo Heidemann
Volney J. Berkenbrock

Secretário executivo
Leonardo A.R.T. dos Santos

Diagramação: Daniela Alessandra Eid
Revisão gráfica: Anna Carolina Guimarães
Capa: Editora Vozes

ISBN 978-65-5713-215-9

Editado conforme o novo acordo ortográfico.

Este livro foi composto e impresso pela Editora Vozes Ltda.

SUMÁRIO

Apresentação da coleção, 7
Antônio Joaquim Severino

Introdução, 9

Tratado, 28
   Sobre a educação física, 29
   Sobre a educação prática, 70

Apresentação da coleção

A história da cultura ocidental revela-nos que educação e filosofia sempre estiveram juntas e próximas, numa relação de vínculo intrínseco. A filosofia sempre se constituiu vinculada a uma intenção pedagógica, formativa do humano. E a educação, embora se expressando como uma práxis social, nunca deixou de referir-se a fundamentos filosóficos, mesmo quando fazia deles uma utilização puramente ideológica. Por isso mesmo, a grande maioria dos pensadores que construíram a cultura ocidental sempre registrou essa produção teórica em textos direta ou indiretamente relacionados à temática educacional, discutindo seja aspectos epistemológicos, axiológicos ou antropológicos da educação.

Este testemunho da história já é suficiente para demonstrar o quanto é necessário, ainda hoje, manter vivo e atuante esse vínculo entre a visão filosófica e a intenção pedagógica. Vale dizer que é extremamente relevante e imprescindível a formação filosófica do educador. No entanto, a experiência cotidiana revela ainda que, em nossa cultura, no que concerne à formação e à atuação desses profissionais, ocorre separação muito acentuada entre a filosofia, enquanto fundamento teórico do saber e do agir, e a educação, enquanto saber ou prática concretos. É evidente que essa prática traz implícitos seus fundamentos filosóficos, sem que deles tenha clara consciência o educador.

Não há dúvida de que, além das deficiências pedagógicas e curriculares do próprio processo de formação desses profissionais, também a falta de mediações e recursos culturais dificulta muito a apropriação, por parte deles, desses elementos que dão conta da íntima e relevante vinculação da educação com a filosofia. Daí a razão de ser desta coleção destinada a reeditar textos do pensamento filosófico-educacional que, por variadas razões, acabam se esgotando e tornando-se inacessíveis às novas gerações de estudantes e profissionais da área. O objetivo desta coleção será, pois, o de colocar ao alcance dos estudiosos os textos fundamentais da reflexão filosófico-educacional desenvolvida por pensadores significativos que contribuíram especificamente para a compreensão filosófica do processo educacional ao longo de nossa história cultural. Busca-se, assim, tornar permanente um precioso acervo de estudos de diversos campos científicos, de alcance abrangente para a discussão da problemática educacional, dada a íntima vinculação entre a educação e as ciências humanas em geral.

Antônio J. Severino
Coordenador da coleção

Introdução

O ser humano é a única criatura que tem de ser educada. Por educação compreendemos, a saber, o cuidado (mantença, sustento), a disciplina (cultivo) e a instrução, juntamente com a formação. Por conseguinte, o ser humano é infante – pupilo – e aprendiz.

Os animais, tão logo tenham apenas algumas das suas forças, fazem uso delas regularmente, isto é, de maneira que não prejudiquem a si próprios. É de fato admirável quando se observa, por exemplo, como as andorinhas jovens, apesar de ainda cegas, mal saídas dos ovos, sabem se colocar no ninho de modo a fazer com que seus excrementos caiam fora dele. Por isso, os animais não precisam de nenhum cuidado, no máximo de ração, aquecimento e condução, ou de certa proteção. A maioria dos animais precisa de nutrição, mas não de cuidado. Por cuidado compreende-se, especificamente, a precaução tomada pelos pais para que as crianças não façam nenhum uso prejudicial das suas forças. Se um animal, por exemplo, logo que viesse ao mundo, gritasse como as crianças o fazem, ele infalivelmente haveria de se tornar presa dos lobos e de outros animais selvagens que atraísse com seus gritos.

Disciplina, ou cultivo, transforma a animalidade em humanidade. Um animal é tudo o que é já por seu instinto; uma razão alheia já se encarregou de tudo para ele. Mas o ser humano precisa de razão própria. Ele não tem nenhum instinto, e deve forjar para si mesmo o plano da sua conduta. No entanto, porque ele não se encontra logo em condições de fazê-lo, já que vem ao mundo em estado bruto, outros têm de forjá-lo por ele.

A espécie humana deve externar pouco a pouco, por si, mediante seu próprio esforço, toda a disposição natural peculiar à humanidade. Uma geração educa a outra. O início pode ser buscado em um estado bruto, ou também em um estado perfeito, desenvolvido. Se esse último for assumido como anterior e inaugural, então o ser humano há de ter se asselvajado posteriormente e recaído no estado bruto.

Disciplina impede que o ser humano, por seus impulsos animais, desvie-se do seu destino, da humanidade. Por exemplo, ela tem de contê-lo para que ele não se exponha a riscos de modo selvático e imprudente. Cultivo, portanto, é algo meramente negativo, é a ação mesma pela qual a selvajaria é tomada do ser humano; instrução, em contrapartida, é a parte positiva da educação.

Selvajaria é a independência de leis. Disciplina submete o ser humano às leis da humanidade e começa a fazer com que ele sinta a coação das mesmas. Isso, porém, tem de ocorrer cedo. Assim, por exemplo, as crianças são mandadas à escola não já com o intuito de que aprendam coisas ali, mas a princípio para que possam se acostumar a se quietar e a observar pontualmente aquilo que lhes seja prescrito, para que no futuro, também, não venham realmente a por já em prática qualquer ideia que lhes ocorra.

O ser humano, mas por natureza, tem uma inclinação tão grande à liberdade que, após um tempo, logo que esteja acostumado à mesma, ele sacrifica tudo por ela. Ora, justamente por essa razão, como dito, a disciplina também deve ser aplicada bem cedo, porque, depois, é difícil mudar o ser humano se isso não acontecer. Ele segue, então, qualquer capricho. Vê-se também nas nações selváticas que, mesmo quando prestam serviço aos europeus por longo tempo, nunca chegam a se acostumar ao seu modo de vida. No caso delas, porém, isso não é nenhuma inclinação nobre à liberdade, como afirmam Rousseau e outros, mas certa rudeza, ao passo que o animal, em certa medida, ainda não desenvolveu aqui, em si, humanidade. Daí, o ser humano ter de ser acostumado cedo a se submeter às prescrições da razão. Se for abandonado às suas vontades na juventude, e nada tiver resistido às mesmas na época, ele conserva certa selvajaria por toda a sua vida. E não há auxílio nem para aqueles que forem protegidos na juventude por demasiada ternura materna, pois, mais tarde, eles encontrarão ainda mais resistências, vindas de todos os lados, e sofrerão baques por toda parte logo que se envolvam com os negócios do mundo.

Um erro comum na educação dos grandes governantes é o de nunca contrariá-los propriamente, nem mesmo na infância, porque são destinados a reger. No ser humano, devido à sua inclinação à liberdade, é necessário um polimento do seu estado bruto; no animal, em contrapartida, devido ao seu instinto, esse não é o caso.

O ser humano precisa de cuidado e de formação. Formação abrange cultivo e instrução. Desta, até onde se sabe, nenhum animal precisa. Pois nenhum deles aprende algo dos mais velhos, fora os pássaros, que deles aprendem seu canto. Nisso, eles são treinados pelos pais, e é enternecedor ver o modo como a mãe, tal como em uma escola, canta com todas as forças para os seus jovens, enquanto estes se esforçam para extrair os mesmos sons das suas pequenas goelas. Para se convencer de que os pássaros não cantam por instinto, mas que realmente aprendem a fazê-lo, vale a pena tirar a prova e tomar de canários cerca da metade dos seus ovos, colocando ovos de pardais entre eles, ou talvez, também, substituindo os jovens canários por filhotes de pardais. Coloque-os, então, em uma alcova onde não consigam ouvir os pardais de fora; assim, eles aprendem o canto dos canários, e temos pardais cantantes. Também é de fato muito admirável que cada espécie de pássaro preserve certo canto principal por todas as gerações, e que a tradição do canto seja provavelmente a mais fiel no mundo.

O ser humano só logra se tornar ser humano mediante educação. Ele não é outra coisa senão o que a educação faz de si. Note-se que o ser humano só é educado por seres humanos; por seres humanos que também são educados. Por isso, falta de disciplina e falta de instrução em alguns seres humanos fazem destes, em turno, educadores ruins de seus pupilos. Se um ser de espécie superior assumisse nossa educação, ver-se-ia o que poderia resultar do ser humano. Uma vez que a educação, porém, em parte ensina algumas coisas ao ser humano, em parte também só se desenvolve neste, não se pode saber até onde vão, no seu caso, as disposições naturais. Se ao menos pudesse ser realizado um experimento mediante o apoio dos grandes governantes e com os esforços somados de muitos, então talvez nos fosse revelado o quão longe o ser humano pode chegar. Mas uma observação tão importante para a mente especulativa quanto triste para o filantropo é ver como os grandes governantes, na maior parte, estão sempre cuidando apenas de si e não tomam parte nos importantes experimentos de educação de uma maneira que fizesse a natureza avançar um passo rumo à perfeição.

Não há ninguém que, sem ter sido descuidado em sua juventude, não haja de reconhecer propriamente, na idade madura, aquilo em que foi negligenciado, se na disciplina ou se na cultura (assim pode ser denominada a instrução). É selvático aquele que não é cultivado. Descuramento de disciplina é um mal maior do que descuramento de cultura, pois este ainda pode ser compensado posteriormente; selvajaria, contudo, não consegue ser eliminada, e um descuido na disciplina nunca poderá ser reparado. Talvez ocorra de a educação se tornar cada vez melhor e cada geração seguinte avançar um passo rumo ao aprimoramento da humanidade; pois o grande segredo da perfeição da natureza humana está na educação. Isso pode se dar a partir de hoje. Pois só agora se começa a julgar corretamente e a compreender de modo claro aquilo que pertence propriamente a uma boa educação. É fascinante imaginar que a natureza humana possa se tornar cada vez mais desenvolvida mediante a educação, e que esta possa ser trazida a uma forma que seja adequada à humanidade. Para nós, isso abre o prospecto de uma estirpe humana futura mais feliz.

Um projeto de teoria da educação é um ideal maravilhoso, e também não há mal nenhum se não estivermos logo em condições de realizá-lo. Basta não tomar a ideia já como algo de quimérico e que se evite desacreditá-la como um belo sonho, ainda que surjam impedimentos quando da sua execução.

Uma ideia não é outra coisa senão o conceito de uma perfeição que ainda não se encontra na experiência. Por exemplo, a ideia de uma república perfeita, regida conforme regras da justiça! Seria ela, por essa razão, impossível? Primeiro basta que nossa ideia seja correta e, então, ela estará longe de ser impossível, apesar de todos os impedimentos que ainda se encontrem no caminho da sua execução. Se todo mundo mentisse, por exemplo, será que dizer a verdade seria, por essa razão, um mero capricho? E, no entanto, é veraz a ideia de uma educação que desenvolva todas as disposições naturais no ser humano.

Com a educação de agora, o ser humano não leva a termo o propósito da sua existência. Pois como distintamente vivem os seres humanos! Uma uniformidade entre os últimos só pode ter lugar se eles agirem conforme princípios únicos, e esses princípios precisariam se tornar outra natureza para aqueles. Podemos trabalhar no plano de uma educação mais apropriada e legar aos pósteros indicações referentes a ela, as quais possam realizar pouco a pouco. Por exemplo, vemos no caso das orelhas-de-urso que, quando cultivadas a partir da raiz, só são obtidas flores de uma única cor; quando cultivadas a partir das suas sementes, em contrapartida, são obtidas flores das cores mais diversas, totalmente distintas. A natureza, portanto, depositou os germes, e, para desenvolvê-los nas mesmas, depende-se apenas do semear e do transplantar apropriados. É assim também com o ser humano!

Há vários germes na humanidade, e então cabe a nós desenvolver as disposições naturais proporcionalmente e desenvolver a humanidade a partir dos seus germes, e fazer com que o ser humano alcance seu destino. Os animais cumprem-no por si mesmos, e sem que o conheçam. O ser humano tem primeiro que buscar alcançá-lo, mas isso pode não ocorrer caso ele não tenha nenhum conceito referente ao seu destino. No caso do *indivíduo*, o alcance do destino também é totalmente impossível. Na assunção de um primeiro casal humano realmente formado, vejamos como ele educa seus pupilos. Os primeiros pais já dão um exemplo às crianças, estas os imitam, e assim desenvolvem-se algumas disposições naturais. Nem todas podem ser formadas dessa maneira, pois, na maioria das vezes em que as crianças veem exemplos, trata-se apenas de circunstâncias ocasionais. Antigamente, os seres humanos não tinham nenhum conceito referente à perfeição que a natureza humana pode alcançar. Nós mesmos ainda não temos plena clareza quanto a isso. Mas é certo que seres humanos individuais, apesar de toda a formação dos seus pupilos, não logram fazer com que os mesmos alcancem seu destino. Isso cabe não a seres humanos individuais, mas à espécie humana.

A educação é uma arte cuja prática tem de ser aprimorada por várias gerações. Cada geração, de posse dos conhecimentos das gerações precedentes, está sempre mais apta a promover uma educação que desenvolva todas as disposições naturais do ser humano proporcionalmente e de forma apropriada, e que assim conduza toda a espécie humana ao seu destino. A Providência quis que o ser humano, por si mesmo, houvesse de externar o bem, e, por assim dizer, fala-lhe: "Vai ao mundo" – o criador poderia se dirigir ao ser humano mais ou menos nesses termos! – "eu te provi de todas as disposições para o bem. Cabe a ti desenvolvê-las, e, assim, tuas próprias felicidade e infelicidade dependem de ti mesmo."

O ser humano há de desenvolver suas disposições acima de tudo para o bem; a Providência não as colocou já prontas nele; são meras disposições, e sem a distinção da moralidade. Eis o que o ser humano há de fazer: melhorar a si próprio, cultivar a si mesmo, e, caso ele seja mau, promover a moralidade dentro de si. Porém, quando se reflete suficientemente a esse respeito, descobre-se que isso seria muito difícil. Daí a educação ser o maior e mais difícil problema que possa ser dado ao ser humano. Pois compreensão depende da educação, e esta, em turno, da compreensão. Daí também só ser aos poucos que a educação consegue dar algum passo adiante, e um conceito correto da maneira de educar só logra surgir à medida que uma geração transmite suas experiências e seus conhecimentos à seguinte, a qual, por sua vez, acrescenta-lhes algo e, assim, transmite à vindoura. Ora, qual grande cultura e qual experiência esse conceito não pressupõe? Por conseguinte, ele também só logrou surgir tardiamente, e nós mesmos ainda não o trouxemos à plena clareza. Será que a educação, em cada um, haveria de imitar o desenvolvimento da humanidade no geral, ao longo das suas distintas gerações?

Talvez duas invenções dos seres humanos possam ser vistas como as mais difíceis; a saber, a arte do governo e a arte da educação e, apesar disso, ainda há controvérsias, mesmo em sua ideia.

Mas a partir de onde começamos então a desenvolver as disposições humanas? Será que começamos a fazê-lo desde o estado bruto ou em algum estado já desenvolvido? É difícil conceber um desenvolvimento a partir da rudimentariedade (daí também ser tão difícil o conceito do primeiro ser humano), e vemos que, em um desenvolvimento a partir de tal estado, sempre ocorreram recaídas na rudeza, e somente mais tarde o ser humano tornaria a se reerguer dela. Em povos bem civilizados, nos registros mais antigos que nos legaram, também encontramos uma forte contiguidade do estado bruto – e quanta cultura já não pertence à escrita? De modo que, em relação a seres humanos civilizados, o começo da arte da escrita poderia ser chamado de começo do mundo.

Porque o desenvolvimento das disposições naturais não ocorre por si próprio no ser humano, toda educação é uma arte. A natureza não depositou no ser humano nenhum instinto para esse fim. Tanto a origem dessa arte como seus progressos são ou *mecânicos*, sem plano, ordenados de acordo com circunstâncias dadas, ou então *judiciosos*. A arte da educação tem origem mecânica apenas nas eventuais oportunidades em que descobrimos que algo é prejudicial ou útil ao ser humano. Qualquer arte da educação que tenha origem apenas mecânica há de conter vários erros e defeitos porque não tem nenhum plano como fundamento. A arte da educação, ou a pedagogia, portanto, tem de se tornar judiciosa caso ela desenvolva a natureza humana de modo que esta venha a alcançar o seu destino. Pais já educados são exemplos a se seguir, pelos quais as crianças se formam. Mas, se estas devem se tornar melhores, a pedagogia tem de se tornar um estudo, senão não há nada a esperar dela, e alguém que tenha sido corrompido na educação acaba por educar o outro. Na arte da educação, o mecanismo tem que ser transformado em ciência, senão ela nunca será um empenho coerente, e uma geração poderia desmantelar o que a outra já tivesse construído.

Um princípio da arte da educação a ser considerado em especial pelos homens que fazem os planos para ela é: crianças devem ser educadas tendo em vista não o presente estado da estirpe humana, mas seu estado futuro, possivelmente melhor, isto é, em conformidade com a ideia de humanidade e com a ideia do seu pleno destino. Esse princípio é de grande importância. Geralmente, os pais educam seus filhos apenas de modo a adequá-los ao mundo presente, ainda que este seja degenerado. Mas deveriam educá-los melhor, para que assim seja criado um estado futuro melhor. Só que aqui se encontram dois impedimentos: 1) geralmente, os próprios pais cuidam apenas para que suas crianças sigam bem no mundo, e 2) os príncipes consideram seus súditos apenas como instrumentos para seus intuitos.

Pais cuidam da casa; príncipes, do Estado. Ambos não têm como propósito último o bem universal, nem a perfeição à qual a humanidade está destinada e para a qual ela também tem disposição. Mas a construção de um plano educacional tem que ser feita de maneira cosmopolita. E será que o bem universal é uma ideia que pudesse nos ser prejudicial, no nosso bem privado? Nunca! Pois, a princípio, embora pareça necessário sacrificar algo com a educação, também se promove com ela, sempre, o melhor do seu estado presente. E que consequências maravilhosas a acompanham depois! Boa educação é justamente aquilo de onde provém tudo de bom no mundo. Os germes depositados no ser humano têm apenas que ser desenvolvidos cada vez mais. Pois os fundamentos do mal não se encontram nas disposições naturais do ser humano. A causa do mal é somente esta: que a natureza não seja submetida a regras. No ser humano, há apenas germes do bem.

Mas de onde deve provir o estado melhor de mundo? Dos príncipes ou dos súditos? Da circunstância de os primeiros melhorarem antes a si próprios e promoverem um governo bom pela metade? Caso esse estado deva ser instituído por príncipes, então é preciso melhorar primeiro a educação destes, a qual por longo tempo ainda incorreu no grande erro de não impor-lhes resistências na juventude. Mas uma árvore isolada no campo cresce torta e expande largamente seus galhos; em contrapartida, uma árvore cresce ereta no meio do bosque porque as árvores ao seu lado lhe oferecem resistência, e ela vai buscar ar e Sol acima de si. Também é assim com os príncipes. Contudo, ainda é melhor que eles sejam educados por algum dos súditos do que por algum dos seus pares; ou seja, só podemos esperar que o bem venha de cima no caso de a educação, ali, ser a melhor! Ora, por essa razão, o mais importante aqui são os esforços privados, e não tanto o envolvimento dos príncipes, como afirmaram Basedow e outros, pois a experiência ensina que, para levar a termo os seus propósitos, eles intencionam, principalmente, não tanto o bem universal, mas apenas o bem do seu Estado. No entanto, se eles fornecem o dinheiro para tal finalidade, então o delineamento do plano deve ser deixado ao seu critério. É assim em tudo que diga respeito ao desenvolvimento do espírito humano, à ampliação dos conhecimentos humanos. Poder e dinheiro não os promovem, no máximo os facilitam. Mas poderiam lográ-los, apenas, se a economia estatal não cobrasse de antemão os juros para o erário. Academias também não o fizeram até hoje, e a impressão de que ainda venham a promovê-los nunca foi menos patente do que agora.

Por conseguinte, a fundação das escolas também deveria depender somente do juízo dos conhecedores mais ilustrados.

Toda cultura começa com o homem privado e, daí, amplia-se. Apenas mediante o esforço das pessoas de inclinações estendidas, interessadas em promover o bem universal e capazes de idealizar um estado futuro melhor, é possível que a natureza humana se aproxime gradualmente do seu propósito. Às vezes, porém, algum dos grandes governantes considera seu povo, por assim dizer, como parte do seu reino natural, e então também passa a ter em vista apenas que ele se reproduza. No máximo se exige ainda habilidade, mas somente para poder fazer um uso tanto melhor dos súditos como ferramenta para seus intuitos. Sem dúvida, homens privados precisam visar, em primeiro lugar, o propósito natural, mas também devem considerar, em especial, o desenvolvimento da humanidade e cuidar não apenas para que ela se torne mais hábil, mas para que seja civilizada, e, o que é mais difícil, eles devem buscar conduzir os pósteros a um avanço maior do que eles mesmos alcançaram.

Na educação, portanto, o ser humano deve 1) ser *disciplinado*. Disciplinar significa buscar impedir que a animalidade traga prejuízo à humanidade, tanto ao indivíduo quanto a seres humanos em sociedade. Assim, disciplina é o simples amansamento da selvajaria.

2) O ser humano deve ser *cultivado*. Cultura abrange o ensino e a instrução. Ela é obtenção de habilidade. Esta é a posse de uma capacidade suficiente a todos e quaisquer propósitos. Assim, ela não determina nenhum propósito, mas deixa que as circunstâncias o façam depois.

Algumas habilidades são boas em todos os casos – por exemplo, a leitura e a escrita –; outras, apenas para alguns propósitos – por exemplo, a música, para nos tornar benquistos. Devido à quantidade dos propósitos, a habilidade será, em certa medida, infinita.

3) Deve-se atentar para que o ser humano também se torne *prudente*, adéque-se à sociedade humana, para que seja benquisto e tenha influência. Isso implica certa espécie de cultura que é denominada *civilização*. A ela são necessárias maneiras, gentileza e certa prudência, pela qual seja possível fazer uso de todos os seres humanos para seus propósitos últimos. Ela se orienta pelo gosto variável de cada época. Assim, há poucas décadas ainda se prezavam cerimônias no trato.

4) Deve-se atentar para a *moralização*. O ser humano deve não apenas ser hábil para todo tipo de propósito, mas também adquirir a disposição de escolher apenas propósitos puramente bons. Estes são necessariamente aprovados por qualquer um e que possam ser, ao mesmo tempo, propósitos de qualquer um.

O ser humano pode ser treinado, condicionado, mecanicamente instruído ou, então, efetivamente ilustrado. Treinam-se cães, cavalos, e também é possível treinar seres humanos. (A palavra alemã *"dressieren"*, ou "treinar", vem do inglês *"to dress"*, *"vestir-se"*. Daí deriva também o termo *"Dresskammer"*, referente ao local em que os pregadores trocam de roupa, e não *"Trostkammer"*, ou "sacristia".)

Mas o treinamento ainda não basta; antes, o mais importante é que as crianças aprendam a *pensar*. Isso conduz aos princípios dos quais provêm todas as ações. Logo, vê-se que uma verdadeira educação exige muitas coisas. Na educação privada, ainda é comum que o quarto ponto, mais importante, seja raramente posto em prática, pois, no essencial, as crianças são educadas de modo que a moralização seja deixada para o pregador. Mas quão infinitamente importante é ensinar as crianças desde jovens a abominar o vício! Isso não só pelo motivo de Deus tê-lo proibido, mas por ser algo abominável em si mesmo. Pois senão lhes ocorreriam facilmente as ideias de que talvez pudessem praticar o vício sempre, de que, de resto, fazê-lo talvez fosse permitido se Deus não o tivesse proibido, e que Deus, por essa razão, talvez fizesse uma exceção alguma vez. Deus é o ser mais santo e quer somente aquilo que seja bom, e exige que pratiquemos a virtude devido ao seu valor intrínseco, e não porque o exige.

Vivemos na época do disciplinamento, da cultura e da civilização, mas ainda estamos longe da época da moralização. A considerar o estado atual, pode-se dizer que a felicidade dos Estados cresce simultaneamente à miséria dos seres humanos. E ainda há a questão se não seríamos mais felizes no estado bruto – em que toda essa cultura ainda não tivesse advindo entre nós – do que no nosso estado de agora. Pois como é possível tornar os seres humanos felizes sem torná-los morais e sábios? Nesse caso, a quantidade do mal não é diminuída.

É preciso instituir escolas experimentais antes que possam ser instituídas as escolas normais. A educação e a instrução não devem ser meramente mecânicas, mas têm de se basear em princípios. Porém, elas também não devem ser meramente racionalizantes, mas já têm de ser, de certa maneira, mecanismo. Na Áustria, na maioria das localidades, há apenas escolas normais, que foram instituídas de acordo com um plano contra o qual muitas coisas foram ditas com razão, de modo que era possível acusá-las, em particular, de mecanismo cego. À época, todas as demais escolas tiveram de se orientar pelas escolas normais, e até se chegou a impedir a promoção profissional de pessoas que não tivessem frequentado essas escolas. Tais prescrições mostram o quanto o governo se ocupava dessa questão, e é decerto impossível que algo de bom venha a medrar sob esse gênero de coação.

Em geral, imagina-se que, na educação, os experimentos sejam desnecessários, e que se possa julgar, já a partir da razão, se algo será bom ou não. Nisso, porém, muito se equivoca, e a experiência ensina que nossos experimentos frequentemente têm efeitos totalmente opostos aos esperados. Logo se vê que, dada a importância dos experimentos, nenhuma geração logra apresentar um plano educacional completo. A única escola experimental que começou a trilhar um caminho nesse sentido, em certa medida, foi o Instituto de Dessau. Deve lhe ser conferida essa glória, a saber, a de ainda realizar novos experimentos, apesar dos vários erros que poderiam lhe ser imputados; erros encontrados em todas as conclusões às quais chegamos a partir deles. De certa maneira, essa foi a única escola na qual os mestres tinham a liberdade de trabalhar de acordo com métodos e planos próprios, e onde estavam em contato uns com os outros, como também com todos os eruditos na Alemanha.

* * *

A educação abrange *cuidados* e *formação*. Esta é, 1) *negativamente*, a disciplina, que apenas impede erros; 2) *positivamente*, a instrução e a condução, e ela pertence, nesse sentido, à cultura.

Condução é a orientação na prática daquilo que foi ensinado. Daí surge a diferença entre o *instrutor*, que é simplesmente um mestre, e o *preceptor*, que é um guia. Aquele ensina apenas para a escola; este, para a vida.

Para o pupilo, a primeira época é aquela em que ele tem de provar submissão e uma obediência passiva; na outra, já se permite que ele faça um uso da reflexão e da sua liberdade, ainda que sob leis. Na primeira, a coação é mecânica; na outra, moral.

A educação é ou *privada* ou *pública*. A última envolve apenas a instrução, e esta pode permanecer sempre pública. O exercício das prescrições é reservado à primeira. Uma educação pública integral é aquela que une ambas, instrução e formação moral. Seu propósito é: promoção de uma boa educação privada. Uma escola na qual isso ocorra é chamada de instituto de educação. Tais institutos não logram ser muitos, e o número de pupilos nos mesmos não pode ser grande, porque são muito dispendiosos, e sua mera fundação já demanda muito dinheiro. Seu caso é similar ao dos asilos para os pobres e ao dos lares de idosos. Os edifícios necessários para sua instalação, a remuneração de diretores, supervisores e serventes já tomam a metade do dinheiro que lhe é destinado, e é assente que, se esse dinheiro fosse enviado aos pobres em suas casas, eles estariam em condições bem melhores de mantença. Daí também ser difícil que outras crianças, além das de gente rica, possam frequentar tais institutos.

O propósito desses institutos públicos é o aprimoramento da educação doméstica. Bastaria que os pais, ou outros que sejam seus auxiliares na educação, fossem bem educados; assim, a despesa com os institutos públicos poderia ser eliminada.

Neles, experimentos devem ser feitos, e sujeitos devem ser formados, e assim há de provir dos mesmos uma boa educação doméstica.

A educação privada é proporcionada ou pelos próprios pais, ou então por outras pessoas que sejam auxiliares remunerados, caso aqueles não tenham tempo nem aptidão – ou também talvez nenhuma vontade de fazê-lo. Na educação por intermédio desses últimos, porém, tem-se a circunstância, bem difícil, de que a autoridade é dividida entre os pais e esses preceptores. A criança deve se orientar pelas prescrições do preceptor, e depois há de seguir, em turno, os caprichos dos pais. Em tal educação, é necessário que os pais cedam toda a sua autoridade ao preceptor.

Mas até que ponto seria permitido à educação privada ter prioridade sobre a pública, ou vice-versa? No geral, a educação pública parece ser mais vantajosa do que a doméstica, não apenas em relação ao aspecto da habilidade, mas também com respeito ao caráter de um cidadão. A educação doméstica, até com frequência, não apenas fomenta erros familiares, como os reproduz.

Mas quanto tempo deve durar a educação? Até o momento em que a natureza mesma tenha determinado o ser humano a guiar a si próprio; em que o instinto sexual tenha se desenvolvido nele; em que possa se tornar pai e deva, ele mesmo, educar; mais ou menos até o décimo-sexto ano. Após esse tempo, decerto, ainda se pode fazer uso de recursos auxiliares da cultura e praticar uma disciplina velada, mas uma educação ordenada não é mais possível.

A submissão do pupilo é ou *positiva*, quando ele tem de fazer o que lhe seja prescrito por não poder julgar propriamente e porque ainda perdura no mesmo a mera capacidade da imitação, ou então *negativa*, quando ele tem de fazer o que outros queiram caso ele queira que outros, em turno, façam algo que lhe seja de agrado. No primeiro caso, dá-se punição; no outro, ocorre de não ser feito o que ele queira. Aqui, ele ainda é dependente em suas satisfações, embora já possa pensar.

Um dos maiores problemas da educação diz respeito à possibilidade de conciliar a subjugação à coação das leis com a capacidade de se servir da sua liberdade. Pois a coação é necessária! Como eu cultivo a liberdade quando de coação? Devo habituar meu pupilo a tolerar uma coação da sua liberdade e, ao mesmo tempo, devo guiá-lo propriamente para fazer bom uso da mesma. Sem isso, tudo é mero mecanismo, e aquele, concluída a educação, não saberá se servir da sua liberdade. Ele tem de sentir logo cedo a inevitável resistência da sociedade, para conhecer a dificuldade de se suster, de ser privado de algo, de merecer; para ser independente.

Aqui é necessário observar o seguinte: 1) que a criança, a partir a primeira infância, possa ser livre em todos os aspectos (exceto nas coisas em que prejudique a si mesma; por exemplo, se pega uma faca afiada), desde que isso não ocorra de modo a estorvar a liberdade de outrem; quando ela grita ou se diverte de uma maneira demasiado ruidosa, isso já incomoda os demais. 2) É necessário mostrar à criança que seus propósitos não podem ser alcançados senão deixando que os outros também alcancem os seus – por exemplo, deve-se mostrar à criança que a mesma não receberá agrado nenhum se não fizer o que se queira dela, que ela deve estudar etc. 3) É necessário provar à criança que lhe é imposta uma coação que a leva a fazer uso da sua própria liberdade; que ela é cultivada para que possa ser livre um dia, isto é, para que não venha a depender de precauções tomadas por outrem. Esse último é o que vem mais tarde. Pois, por exemplo, as crianças acabam considerando só muito tardiamente o fato de que elas mesmas terão de cuidar do seu sustento no futuro. Elas acreditam que sempre será como na casa dos pais, que receberão comida e de beber sem que tenham de cuidar para que isso ocorra. Sem aquele tratamento, as crianças, em especial, as de pais ricos e os filhos de príncipes, são como os habitantes do Taiti, crianças por toda a vida. Nisso, a educação pública tem as vantagens mais patentes, pois nela a criança aprende a mensurar suas forças, aprende restrição pelo direito de outrem. Nela, ninguém goza de privilégios, porque a resistência é sentida por toda parte, porque alguém só se faz ser notado ao se destacar dos demais por mérito próprio. Ela oferece o melhor modelo do futuro cidadão.

Só que aqui deve ser considerada mais uma dificuldade, a qual consiste em antecipar o conhecimento sexual, para prevenir contra vícios antes mesmo do ingresso na nubilidade. Mas isso será abordado mais à frente.

Tratado

A pedagogia, ou a doutrina da educação, é ou *física* ou *prática*. A educação *física* é aquela que o ser humano tem em comum com os animais, ou a mantença. A educação *prática* ou *moral* é aquela pela qual o ser humano deve ser formado para que possa viver como um ser que age livremente. (De *prático* é chamado tudo o que tenha relação com a liberdade.) Ela é educação voltada à personalidade, educação de um ser que age livremente, que logra suster a si mesmo e compor um elo na sociedade, mas que pode ter um valor intrínseco por si próprio.

Por conseguinte, ela consiste 1) na formação *escolástico-mecânica*, concernente à habilidade, ou seja, é *didática* (instrutor); 2) na formação *pragmática*, concernente à prudência (preceptor); 3) na formação *moral*, concernente à moralidade.

A formação *escolástica*, ou a instrução, é necessária ao ser humano a fim de que este se torne hábil para a consecução de todos os seus propósitos. Ela lhe dá um valor concernente a si mesmo como indivíduo. Mediante a formação voltada à *prudência*, contudo, ele é formado cidadão, pois obtém um valor público. Aqui, ele aprende tanto a guiar a sociedade civil de acordo com seus intuitos como também a se conformar a ela. Mediante a formação *moral*, por fim, ele obtém um valor concernente à estirpe humana como um todo.

A formação escolástica é a primeira e a que ocorre mais cedo. Pois toda prudência pressupõe habilidade. Prudência é a capacidade de fazer bom proveito da sua habilidade. A formação moral é a mais tardia, uma vez que se baseia em princípios que o ser humano deve compreender por si mesmo; porém, uma vez que se baseia apenas no entendimento humano comum, ela tem de ser observada já de início, também já na educação física, pois senão facilmente se enraízam erros contra os quais, mais tarde, toda a arte da educação trabalha em vão. Com referência à habilidade e à prudência, tudo tem que proceder de acordo com a faixa etária. Na infância, ser hábil, prudente e de boa índole à maneira dos homens, não astuto, tem tão pouca serventia quanto uma mentalidade infantil no adulto.

Sobre a educação física

Embora o encarregado de uma educação como preceptor não tenha sob sua supervisão crianças tão jovens a ponto de poder cuidar também da educação física das mesmas, é útil que ele saiba de tudo que seja necessário observar nessa educação, do começo ao fim. Ainda que, como preceptor, ele só tenha de lidar com crianças maiores, pode muito bem ocorrer de novas crianças nascerem na casa, e, caso tenha uma boa conduta, ele sempre fará jus a ser o confidente dos pais e a ser consultado, também, a respeito da educação física daquelas, uma vez que o preceptor não raro é o único erudito na casa. Daí também lhe serem necessários os conhecimentos a esse respeito.

A rigor, a educação física é apenas mantença, provida pelos pais ou pelas amas, ou então pelas tratadoras. O alimento que a natureza destinou à criança é o leite materno. É um mero preconceito que a criança ingira disposições junto com ele, como se ouve frequentemente: "Isso já veio com o leite materno!" É mais benéfico à mãe e à criança que a mãe mesma a amamente. Mas aqui também há exceções; no caso mais extremo, devido a circunstâncias de enfermidade. Há tempos se acreditava que o primeiro leite, que se encontra na mãe após o parto e tem a consistência de soro de leite coalhado, seria prejudicial à criança, e que as mães teriam de removê-lo antes que pudessem amamentar. Mas Rousseau foi pioneiro ao chamar a atenção dos médicos para a questão se esse primeiro leite também não poderia ser benéfico à criança, uma vez que a natureza não teria feito nada em vão. E também se descobriu de fato que o excremento encontrado nas crianças recém-nascidas, chamado de mecônio pelos médicos, é eliminado mais facilmente com a ingestão desse leite, e que, portanto, ele seria altamente benéfico às crianças.

Levantou-se a questão: será que a criança também não poderia estar bem alimentada ingerindo leite animal? Leite materno é bem diferente do leite animal. O leite de todos os herbívoros, dos animais que vivem de vegetais, coalha rapidamente se lhe for adicionado algum ácido, como o ácido tartárico, o ácido cítrico, ou, em particular, por exemplo, o ácido encontrado no estômago dos bezerros, que se chama *renina* ou *quimosina*. Mas leite humano não ocorre de coalhar. Contudo, se as mães ou as amas passarem dias consumindo apenas vegetais, seu leite coalhará tão facilmente quando leite de vaca etc., mas basta que voltem a se alimentar de carne por algum tempo que seu leite fica tão bom quanto antes. A partir disso, inferiu-se que seria melhor e mais benéfico à criança se as mães ou as amas comessem carne durante o tempo em que amamentam. Ora, quando crianças vomitam o leite, vê-se que está coalhado. Os ácidos no estômago do infante, portanto, mais do que todos os demais ácidos, devem favorecer o coalhar do leite, porque leite humano não logra ser coalhado de nenhuma outra maneira. Assim, seria muito pior se fosse dado à criança um leite que coalhasse por si mesmo. Mas vê-se, no exemplo das outras nações, que essa também não é a única coisa a importar. Os povos tungúsicos, por exemplo, não comem quase nada além de carne e são gentes fortes e saudáveis. Mas povos como esses também não vivem muito, e, com pouco esforço, pode-se levantar do chão qualquer jovem adulto alto oriundo deles que não pareça ser leve à primeira vista. Os suecos, em contrapartida, como as nações na Índia –, quase não comem carne e, apesar disso, as pessoas de lá crescem muito bem. Portanto, crescer depende apenas do viço da ama, e que o melhor alimento é o que a faz se sentir melhor.

Aqui se questiona o que se tem para alimentar a criança depois de o leite materno deixar de ser produzido. Há algum tempo experimenta-se com todo tipo de papas de farinha. Mas não é bom alimentar a criança com tais comidas desde muito nova. Em especial, deve-se lembrar de não dar à criança nada de picante, como vinho, tempero, sal etc. Mas é curioso que crianças tenham um apetite tão grande por todas as coisas do gênero! A causa é porque, aos seus ainda embotados sentidos, elas proporcionam um estímulo e uma animação que lhes são agradáveis. Na Rússia, de fato, coisas do tipo também são oferecidas às crianças por suas mães, elas mesmas assíduas bebedoras de aguardente, e ainda assim se nota que os russos são gente saudável, forte. Certamente, as crianças que o aguentam devem ter uma boa constituição corporal; mas disso também morrem muitas que poderiam ter a vida poupada. Pois tal estímulo precoce dos nervos causa várias desordens. É preciso até ter o cuidado de manter as crianças longe de comida ou bebida muito quentes, pois estas também causam fraquezas.

Ademais, note-se que as crianças não devem ser mantidas muito aquecidas, pois seu sangue, em si, é já muito mais quente que o dos adultos. No caso das crianças, o calor do sangue corresponde a 110 graus, de acordo com o termômetro de Fahrenheit; o sangue dos adultos, apenas a 96 graus. No calor em que pessoas mais velhas se sentem muito bem, a criança sufoca. No geral, a habituação ao frio torna o ser humano forte. E, mesmo em relação aos adultos, não é bom que vistam roupas muito calorentas, nem que se cubram demais ou se acostumem a tomar bebidas demasiado quentes. Daí também dever ser dado à criança um leito para dormir que seja fresco e rígido. Banhos frios também são bons. Não se deve recorrer a nenhum estimulante para suscitar fome na criança; antes, essa sensação deve ser sempre apenas consequência da atividade e da ocupação. Entretanto, a criança não deve ser acostumada a nada que possa se tornar necessidade para a mesma. Até quando se trata de algo de bom, também não se deve, artificialmente, torná-lo hábito seu.

Em povos rudimentares, não se faz uso de *fraldas*. Nas nações selváticas na América, por exemplo, são abertos buracos na terra sobre os quais é espalhada serradura de madeira deteriorada para que a urina e as impurezas das crianças mais jovens se absorvam ali dentro, para que as últimas não se sujam, e depois tudo é coberto com folhas; aliás, eles deixam que as crianças façam livre uso dos seus membros. Também é mera comodidade nossa que deixemos as crianças ficarem feito múmias, somente para que não tenhamos de cuidar para que não prejudiquem a postura; e, não obstante, isso frequentemente ocorre devido à fralda. Esta também traz angústia às crianças, e elas acabam entrando em uma espécie de desespero, pois não conseguem mais fazer uso dos seus membros. Aqui, crê-se, então, poder aquietar seus gritos simplesmente chamando sua atenção. Mas coloque uma fralda em uma pessoa grande para ver se ela também não grita e cai na angústia e no desespero.

Acima de tudo, é preciso lembrar que a primeira educação tem de ser apenas negativa, isto é, que não é necessário acrescentar nova precaução à precaução tomada pela natureza; antes, basta que esta não venha a ser perturbada. Caso se permita o artifício na educação, então que seja apenas o do enrobustecer. Também, por isso, deve-se descartar a fralda. No entanto, se alguém quiser adotar alguma cautela, o mais apropriado seria utilizar uma espécie de caixa com correias por cima. Os italianos a usam, e a chamam de *arcuccio*. A criança fica sempre nessa caixa, e ela é posta ali dentro também para amamentar. Desse modo, evita-se até que o corpo da mãe, caso esta adormeça durante a amamentação à noite, possa comprimir a criança e levá-la à morte. Várias crianças perdem a vida dessa maneira. Essa precaução, portanto, é melhor do que o uso de fraldas, pois as crianças têm mais liberdade e previnem-se contra má-postura, visto que a fralda, em contrapartida, frequentemente deixa as crianças encurvadas.

Outro costume no momento da primeira educação é o de *embalar*. A maneira mais fácil de fazê-lo é a cultivada por alguns camponeses. Eles suspendem o berço em uma viga com uma corda; assim, basta empurrá-lo que o berço balança sozinho de um lado para o outro. Mas o embalar não tem nenhuma serventia. Pois faz mal à criança ser balançada de lá pra cá. Afinal, vê-se que o balanço traz ânsia de vômito e tontura até em gente grande. Daquela maneira, pretende-se anestesiar a criança, para que não grite. Mas o grito lhes é salutar. As crianças aspiram o primeiro ar logo que deixam o corpo da mãe, onde não desfrutavam de nenhum. O fluxo de sangue, que assim se altera, acaba por lhes causar uma sensação de dor. Por meio do grito, porém, a criança desenvolve melhor as partes internas e os vasos do seu corpo. É muito prejudicial acudir a criança, cantar para ela ou fazer algo do tipo logo que se ponha a gritar, como é o costume das amas. Isso costuma ser o primeiro corrompimento da criança, pois seus gritos se repetem mais frequentemente quando ela vê que tudo vem ao seu chamamento.

Decerto, pode-se dizer, com verdade, que as crianças das pessoas comuns são muito mais mimadas do que as crianças dos nobres. Pois as pessoas comuns brincam com suas crianças da maneira como fazem os macacos. Cantam para elas, abraçam-nas, beijam-nas, dançam juntas. Assim, quando correm para acudi-las e para fazer brincadeiras etc., logo que as crianças se ponham a gritar, pensam que lhes fazem algo de bom. Só que isso faz apenas com que as crianças gritem mais frequentemente. Por outro lado, elas acabam parando caso não se dê atenção aos seus gritos. Pois nenhuma criatura tem gosto em realizar um trabalho vão. Mas basta que ela seja acostumada a ver seus caprichos sendo correspondidos; depois será muito tarde para dobrar sua vontade. Se deixarmos que gritem, porém, elas mesmas vão se cansar de fazê-lo. Se todos os seus caprichos são correspondidos na primeira juventude, corrompem-se o seu coração e os seus costumes.

A criança decerto ainda não tem nenhum conceito referente a costumes, mas sua disposição natural é corrompida de tal maneira que depois é necessário aplicar punições bem duras para reparar o que se corrompeu. Mais tarde, quando se pretende desacostumá-las da ideia de que seus anseios sempre serão atendidos, as crianças, com seus gritos, expressam grande ira, daquela que apenas gente grande é capaz, só que lhes faltam forças para pô-la em atividade. Assim, enquanto seu chamamento bastar para que tudo venha ao seu encontro, elas regem de maneira totalmente despótica. Como muito natural, elas acabam se aborrecendo quando essa regência termina. Pois até gente grande que esteve em posse de poder por algum tempo também tem dificuldade em se desapegar rapidamente dele.

No primeiro período, aproximadamente nos primeiros três meses de vida, as crianças não conseguem enxergar bem. Elas são sensíveis à luz, mas não conseguem distinguir os objetos uns dos outros. É possível se convencer disso segurando algo de brilhante à frente delas. Elas não o seguem com os olhos. Junto com a visão, vem, também, a capacidade de rir e de chorar. Quando nesse estado, a criança grita com reflexão, ainda que mais vagamente do que ela pretende. Ela sempre crê, então, que lhe fizeram algum mal. Rousseau diz: quando batem na mão de uma criança de apenas uns seis meses de idade, ela grita como se um pedaço de carvão em brasa lhe tivesse caído nos braços. Ela de fato já relaciona aqui um conceito de ofensa. Geralmente, os pais falam muito em dobrar a vontade das crianças. Não se deve dobrar sua vontade se esta já não tiver sido corrompida. Mas o primeiro corrompimento é esse, quando se cede à vontade despótica das crianças de modo que possam impor qualquer coisa pelo grito. Ainda, é extremamente difícil repará-lo depois, e isso raramente será logrado*. Talvez seja possível fazer com que a criança se aquiete, mas ela acaba se aborrecendo e nutrindo ainda mais a ira interior. Assim ela é acostumada ao fingimento e às moções internas do ânimo. É bem estranho, por exemplo, quando os pais exigem que as crianças beijem-lhes as mãos depois de lhes darem com a vara. Assim elas são acostumadas ao fingimento e à falsidade. Pois, de fato, a vara não é um presente tão belo, pelo qual ainda se deva agradecer, e pode-se, facilmente, imaginar com qual coração a criança beija a mão em seguida.

Para ensinar as crianças a caminhar, é comum o uso de *faixa-guia* e do *andador*. Mas curioso mesmo é que se pretenda ensinar-lhe a andar, como se algum ser humano não tivesse aprendido a caminhar por falta de lição. As faixas-guias, em particular, são bem prejudiciais. Certa vez, um escritor se queixou do seu tórax estreito, que atribuía tão somente ao uso da faixa-guia. Pois, ao pegar nas coisas e catar tudo do chão, a criança acaba por se apoiar com o tórax na faixa-guia. Contudo, por ainda ser pouco rígido, o tórax é achatado e conserva também essa forma depois. Com esses tipos de recursos auxiliares, as crianças também não aprendem a andar com a mesma seguran-

---

* Cf. Horstig, *Soll man die Kinder schreien lassen?* [*Deve-se deixar as crianças gritarem?*] Gotha, 1798.

ça que teriam se tivessem aprendido sozinhas. O melhor é que as deixem engatinhar no chão, até que, aos poucos, comecem a andar por si mesmas. Por cautela, pode-se cobrir o chão com mantas de lã para que não se machuquem com lascas de madeiras, e também para que não caiam com muita força.

De uma maneira geral, diz-se que crianças sofrem quedas muito fortes. Porém, à parte da impossibilidade disso, também não lhes faz mal que caiam de vez em quando. Elas apenas aprendem a se equilibrar melhor e a girar o corpo de modo que a queda não lhes cause dano. Costuma-se colocar nas crianças um chapéu forrado largo o suficiente para impedi-las de cair com o rosto no chão. Mas trata-se de educação negativa se instrumentos artificiais forem empregados em ocasiões para as quais a criança já dispõe de instrumentos naturais. Aqui, as ferramentas naturais são as mãos, que a criança já projetará à frente ao cair. Quanto mais ferramentas artificiais forem utilizadas, tanto mais dependente de instrumentos o ser humano será.

No geral, seria melhor que de início fossem usados poucos instrumentos e que deixassem as crianças aprenderem mais por si mesmas; assim, elas teriam vontade de assimilar algumas coisas de maneira muito mais aprofundada. Desse modo, por exemplo, decerto seria possível que a criança aprendesse sozinha a escrever. Pois outrora alguém inventou a escrita, e essa invenção também não é tão grandiosa assim. Quando a criança quisesse pão, por exemplo, poderíamos dizer: "Também conseguirias desenhá-lo?" A criança desenharia, então, uma figura oval. Depois poderíamos dizer-lhe que agora não sabemos se aquilo representa um pão ou uma pedra; em seguida, ela tentaria desenhar a letra P etc., e assim, com o tempo, a criança inventaria seu próprio abecedário, e depois bastaria que ela trocasse os seus símbolos por outros.

Há certas deformidades com as quais algumas crianças vêm ao mundo. Será que não existe meio de corrigir essa forma imperfeita, atamancada, por assim dizer? Pelos esforços de vários escritores de grande erudição, descobriu-se que coletes não ajudam em nada nesses casos, mas apenas agravam o mal, na medida em que impedem tanto a circulação do sangue e dos fluidos como o tão necessário alongamento das partes externas e internas do corpo. Se deixada livre, a criança *exercita ainda o seu corpo*, e uma pessoa que use colete estará, ao deixar de usá-lo, muito mais fraca do que alguém que nunca o tenha usado. Àqueles que nasceram encurvados, talvez pudesse ser de ajuda colocar um peso maior no lado em que os músculos sejam mais fortes. Mas isso também é muito perigoso. Pois qual pessoa conseguiria determinar o contrapeso? O melhor seria que a criança o experimentasse por si mesma e encontrasse uma posição, ainda que isso já lhe seja incômodo, pois aqui não há máquina que faça o alinhamento.

Todos os dispositivos artificiais dessa espécie são tanto mais prejudiciais, pois até contrariam o propósito da natureza relativo a um ser organizado racional, o propósito de lhe resguardar a liberdade de aprender a fazer uso das suas forças. Na educação, deve-se apenas impedir que as crianças se tornem malemolentes. O enrobustecer, por sua vez, é o contrário da malemolência. Arrisca-se muito quando se pretende acostumá-las a tudo. A educação dos russos está bem avançada nesse ponto. Mas ela também acaba por levar à morte um número inacreditável de crianças. O hábito é uma fruição ou uma ação tornada necessidade pela repetição mais frequente da mesma fruição ou da mesma ação. Não há nada em que as crianças consigam se viciar mais facilmente do que em coisas picantes, como tabaco, aguardente e bebidas quentes, por exemplo, e, portanto, isso é o que mais deve ser evitado. Mais tarde, a desintoxicação seria muito difícil e ligada inicialmente a males, porque a fruição mais frequente acarreta uma alteração nas funções do nosso corpo.

Quanto mais hábitos um ser humano tiver, porém, menos livre e independente ele será. Com o ser humano é como com todos os outros animais; mais tarde, também se conservará no mesmo certa inclinação àquilo em que tenha sido acostumado cedo. Assim, deve-se impedir que a criança se acostume a algo; não se deve deixar que surja algum hábito nela.

Muitos pais querem acostumar suas crianças a tudo. Mas isso não tem serventia. Pois a natureza humana em geral – em parte também a natureza dos sujeitos particulares – não pode ser acostumada a tudo, e muitas crianças permanecem no estágio de aprendizado. Por exemplo, os pais querem que as crianças consigam dormir e se levantar a qualquer hora, ou que comam quando exigirem que elas o façam. Para suportá-lo, contudo, é necessário um modo de vida particular que fortaleça o corpo e, assim, repare o que aquilo corrompeu. Mas, na natureza, também encontramos alguma periodicidade. Os animais também têm um tempo determinado para dormir. O ser humano também deveria se acostumar a um tempo certo, para que o corpo não seja prejudicado em suas funções. Em relação à outra demanda – que as crianças comam em qualquer hora que forem exigidas –, talvez não seja possível aqui tomar os animais como modelo. Pois, por exemplo, visto que os animais herbívoros ingerem poucos alimentos nutritivos, comer é uma atividade constante para eles. Mas ao ser humano é muito benéfico que ele coma sempre em determinados horários. Assim, alguns pais querem que suas crianças consigam suportar frio intenso, mau cheiro, todo e qualquer barulho, e coisas similares. Só que isso não chega a ser necessário se elas não tiverem adquirido hábitos. E, para isso, é de grande auxílio que a criança seja colocada em situações diversas.

Um leito rígido para dormir é muito mais salutar do que um macio. No geral, uma educação rígida serve bem ao fortalecimento do corpo. Por educação rígida, contudo, entendemos apenas coibição da comodidade. Não faltam exemplos curiosos que confirmam essa afirmação, só que estes não são considerados ou, dito mais corretamente, ninguém intenciona fazê-lo.

Quanto à formação do ânimo, que de certa maneira também pode ser efetivamente chamada de física, deve-se, acima de tudo, atentar para que a disciplina não seja servil. Antes, a criança deve sempre sentir sua liberdade, mas de modo que não obstrua a liberdade dos outros; daí ela precisar encontrar resistência. Alguns pais negam tudo às suas crianças, para assim exercitarem a paciência delas e, em seguida, exigem que elas tenham mais paciência do que as crianças normalmente possuem. Só que isso é cruel. Dê à criança tudo o que preste a ela, e depois lhe diga: "Tens o suficiente!" Mas então é absolutamente necessário que isso seja irrevogável. Basta que não se atente para os gritos das crianças e que ninguém ceda às suas vontades se elas quiserem forçar algo dessa forma, mas que seja dado às crianças aquilo que peçam com gentileza, caso isso lhes preste. Assim, a criança também será acostumada a ser sincera, e, em turno, uma vez que ninguém é importunado com seus gritos, todos também serão gentis com ela. A Providência parece de fato ter dado às crianças expressões amigáveis para que possam tirar proveito das gentes. Para dobrar a vontade própria, nada é mais prejudicial do que uma disciplina vexatória, servil.

É comum censurar as crianças: "Ei! Que vergonha! Isso não se faz!" etc. Mas algo do tipo não deve ocorrer na primeira educação. A criança ainda não tem nenhum conceito de vergonha, nem sobre o que seja apropriado; não tem nada do que se envergonhar, não deve fazê-lo, e isso só a torna tímida. Ela então terá embaraço na presença de outras pessoas e vai preferir se esconder. Disso resultarão reserva e uma prejudicial discrição. Ela não ousará pedir mais nada, embora, a rigor, houvesse de poder fazê-lo; ocultará seus sentimentos e parecerá se portar sempre de modo diferente do que ela é, ao invés de poder dizer tudo de maneira sincera. Ao invés de estar sempre perto dos pais, ela acabará por evitá-los e se lançará aos braços das complacentes serviçais domésticas.

Porém, mimos e carinhos ininterruptos não são nem um pouco melhores do que essa vexatória educação. Eles corroboram a criança em sua vontade própria, tornam a criança falsa e, na medida em que tais coisas revelam uma fraqueza dos pais, é subtraído dos últimos o respeito necessário aos olhos da criança. Mas se a criança é educada para que não tente conseguir as coisas pelo grito, ela se torna livre sem ser insolente, e se torna modesta sem ser tímida. A rigor, o termo alemão "*dreist*" ("atrevido") deveria ser grafado "*dräust*", pois deriva de "*dräuen*", "*drohen*" ("ameaçar"). Ninguém consegue tolerar bem uma pessoa atrevida. Algumas pessoas têm um semblante tão atrevido que é preciso sempre temer alguma grosseria de sua parte, tal como também é possível notar de imediato, no rosto de outras pessoas, que estas são incapazes de dizer alguma grosseria a alguém. Pode-se sempre parecer sincero, desde que isso venha acompanhado de certa bondade. As pessoas não raro dizem dos homens nobres que eles têm uma aparência bem régia. Mas esta não é nada além de certo olhar atrevido, do qual se habituaram ainda na juventude porque, à época, não lhes foram impostas resistências.

Tudo isso ainda pode ser incluído na educação negativa. Pois, com frequência, várias fraquezas do ser humano surgem não porque não lhe tenham ensinado nada, mas porque lhe foram passadas, ainda, falsas impressões. Assim, por exemplo, as amas passam às crianças um pavor de aranhas, de sapos etc. As crianças decerto teriam gosto em pegar em aranhas, tal como gostam de por a mão em outras coisas. Mas porque as amas, logo que veem uma aranha, manifestam sua repulsa pela expressão facial, isso influi na criança mediante certa simpatia. Muitos conservam esse pavor por toda a vida, e nisso permanecem sempre infantis. Pois aranhas são perigosas às moscas, para as quais sua picada é venenosa, mas não fazem mal ao ser humano. E um sapo é um animal tão inocente como uma bela rã verde ou outro animal qualquer.

* * *

A parte positiva da educação física é a *cultura*. Em relação a isso, o ser humano é distinto do animal. Ela consiste, principalmente, no exercício das suas faculdades do ânimo. Por essa razão, os pais devem dar à sua criança a oportunidade de fazê-lo. Aqui, a primeira e principal regra é que todas as ferramentas sejam dispensadas, tanto quanto possível. Assim, logo de início são dispensados a faixa-guia e o andador, e deixa-se que a criança engatinhe no chão até aprender sozinha a andar e, então, ela andará de maneira ainda mais segura. Pois ferramentas só fazem arruinar a aptidão natural. Assim, embora sejam usados barbantes para medir alguma largura, isso também poderia ser bem logrado com a vista; ainda que sejam usados relógios para determinar as horas, o mesmo seria possível considerando a posição do Sol; embora usemos bússolas para nos situarmos no bosque, isso poderia ser feito, durante o dia, considerando, também, a posição do Sol e, à noite, com base na posição das estrelas. Pode-se até mesmo dizer que, para avançar na água, basta nadar, ao invés de usar uma canoa. Ao célebre Franklin, admira o fato de que nem todos aprendem a nadar, apesar de a atividade ser tão agradável e útil. Ele também indica uma maneira fácil de aprendê-lo sozinho. Deixe cair um ovo em um córrego no qual, estando de pé, ao menos a cabeça fique fora da água. Então busque apanhar o ovo. Ao se inclinar, os pés vão para o alto, e, para que a água não entre na boca, a cabeça deve ser dobrada para trás, à nuca, e assim se tem a posição correta, necessária para nadar. Resta então trabalhar com as mãos; assim se nada. O importante é apenas que seja cultivada a habilidade natural. Não raro, isso requer instrução; não raro, a própria criança é suficientemente inventiva ou inventa instrumentos para si.

Aquilo a se observar na educação física, ou seja, em referência ao corpo, diz respeito ou ao uso do movimento voluntário, ou então aos órgãos dos sentidos. No primeiro caso, o importante é que a criança sempre busque auxílio em si mesma. Para isso, são necessárias força, habilidade, agilidade, segurança; por exemplo, para que ela consiga passar por caminhos estreitos, por elevações íngremes onde se veja um abismo à frente, por solos instáveis. Se um ser humano não consegue fazê-lo, então ele também não é tudo aquilo que poderia ser. Desde que o Instituto Philanthropinum em Dessau avançou nisso com seu exemplo, também são feitas várias experiências dessa espécie com crianças em outros institutos. Muito admira ler sobre o modo como os suíços já se acostumam desde a juventude a escalar montanhas, e sobre a aptidão que isso os faz adquirir, de maneira que conseguem passar com plena segurança pelas mais estreitas veredas, e, ao saltarem das fendas, já sabem, depois de medir a distância com a vista, que chegarão a salvo do outro lado. Mas a maioria das pessoas teme uma queda imaginária, e esse temor, por assim dizer, paralisa os membros, de modo que, mais tarde, tal caminhada, para eles, fica associada a perigos. Em geral, esse temor aumenta junto com a idade, e considera-se que ele seja comum, principalmente, a homens que trabalham muito com a cabeça.

Na realidade, tais experimentos com crianças não são muito perigosos. Pois, proporcionalmente às suas forças, as crianças têm um peso muito menor do que as demais pessoas, e suas quedas, portanto, também não são tão graves. Ademais, seus ossos também não são tão frágeis e quebradiços como os de alguém de idade avançada. As crianças fazem elas mesmas experimentos com as suas forças. Assim, por exemplo, vemos frequentemente como sobem em coisas sem que tenham algum intuito ao fazê-lo. Caminhar é um movimento saudável e que fortalece o corpo. Saltar, levantar e carregar pesos, atividades com funda, lançamentos ao alvo, a luta, participar de corridas e todos os exercícios desse tipo são muito bons. Para crianças de fato, ainda parece ser cedo para praticar danças, uma vez que isso é da ordem do artístico.

Lançamentos, tanto à distância quanto ao alvo, também têm como intuito exercitar os sentidos, em especial a vista. O jogo de bola é uma das melhores brincadeiras de criança, porque também junta a corrida saudável. No geral, as melhores brincadeiras são aquelas que conjugam os exercícios da habilidade com exercícios dos sentidos; por exemplo, exercitar a vista para estimar corretamente a largura, a grandeza e a proporção, para situar as localidades na respectiva região do mundo, ao qual o Sol deve ser útil etc. Todos esses são bons exercícios. Assim, também é bem vantajosa a imaginação local, pela qual se entende a aptidão de representar todas as coisas nos lugares em que foram de fato vistas – por exemplo, o divertimento de encontrar um caminho que permita sair da floresta, tomando nota das árvores pelas quais se passou antes. O mesmo vale para a *memoria localis*, pela qual a pessoa sabe, por exemplo, não apenas em qual livro ela leu algo, mas também em qual parte dele a passagem se encontra. Assim, o músico sabe de cabeça onde estão as teclas, de modo que não precisa mais procurá-las. O cultivo da escuta das crianças é igualmente necessário, para que saibam, dessa maneira, se algo se encontra distante ou próximo, e em qual lado.

A brincadeira infantil da cabra-cega era conhecida já entre os gregos, que a chamavam de μυϊνδα. Em geral, brincadeiras de criança são bem universais. As existentes na Alemanha são encontradas também na Inglaterra, na França etc. Elas têm por base certa pulsão natural das crianças; na brincadeira da cabra-cega, por exemplo, trata-se de ver como elas poderiam auxiliar a si mesmas se fossem privadas de algum sentido. O pião é um jogo especial; já aos homens, tais brincadeiras de criança dão material para outras reflexões e, às vezes, ensejo a invenções importantes. Assim, Segner escreveu uma dissertação sobre o pião, e o jogo deu a um capitão de navio inglês ocasião para inventar um espelho pelo qual fosse possível medir a distância das estrelas desde a embarcação.

Crianças gostam de ter instrumentos que façam barulho – por exemplo, trompetinhos, pequenos tambores e coisas do tipo. Mas estes não têm serventia porque importunam as outras pessoas. No entanto, já seria melhor se elas aprendessem sozinhas a cortar um cano de modo que pudessem assoprar dentro.

O balanço também é um bom movimento; pela saúde, até adultos usam, só que as crianças precisam de supervisão para utilizá-lo, porque o movimento pode se tornar muito veloz. A pipa de papel também é uma brincadeira irrepreensível. Ela cultiva a habilidade, na medida em que depende de certa posição em referência ao vento para que suba bem alto.

Em prol dessas brincadeiras, o menino renuncia a outras necessidades, e assim, aos poucos, ele também aprende a desistir de outras coisas mais. Além disso, ele é acostumado, desse modo, à permanente ocupação, mas aqui, justamente por esse motivo, também não deve se tratar de mera brincadeira, mas tem de ser brincadeira com intuito e com propósito último. Pois quanto mais seu corpo for fortalecido e enrobustecido dessa maneira, tanto mais a salvo ele estará das corruptoras consequências do mimo. A ginástica também deve apenas guiar a natureza, ou seja, não deve de promover graciosidade forçada. Disciplina, mas não instrução, tem de vir em primeiro lugar. Contudo, deve-se atentar aqui para que as crianças, na cultura dos seus corpos, sejam formadas também para a sociedade. Diz Rousseau: "Nunca formareis um homem idôneo se não tendes, antes, um garoto da rua!" É mais provável que um homem bom cresça de um menino vivaz do que de um rapaz impertinente a se fazer de esperto. Basta que a criança não seja importuna em companhia de outras pessoas, mas ela também não deve se insinuar. Ela tem que responder de modo afável ao apelo de outras pessoas, sem petulância; deve ser sincera, sem insolência. O meio para isso é: que somente não se corrompa nada, que não lhe sejam ensinados conceitos de decoro pelos quais ela apenas se torne tímida e acanhada, ou então pelos quais, por outro lado, ocorra-lhe a ideia de querer fazer prevalecer sua vontade. Nada é mais risível do que compostura precoce ou presunção impertinente da criança. No último caso, temos de fazer a criança sentir as suas fraquezas de modo ainda mais intenso, mas também sem que perceba muito a nossa superioridade e o nosso domínio, para que ela se desenvolva por si própria, só que isso apenas quando na sociedade, na qual o mundo deve ser grande o suficiente não apenas para a mesma, mas também para outrem.

Em *Tristram Shandy*, Toby diz, abrindo a janela para que pudesse sair uma mosca que passara um bom tempo a lhe importunar: "Vai, malvado animal, o mundo é grande o suficiente para mim e para ti!" E qualquer um poderia torná-lo divisa própria. Não devemos nos tornar importunos uns aos outros; o mundo é grande o suficiente para todos nós.

* * *

Agora, chegamos à cultura da alma, a qual, em certa medida, também pode ser chamada de física. Mas deve-se distinguir entre natureza e liberdade. Dar leis à liberdade é algo totalmente diferente de dar formação à natureza. De fato, a natureza do corpo e a natureza da alma concordam em que, na sua formação mútua, o que se busca é prevenir contra algum corrompimento, e em que a arte, então, ainda acrescenta algo, tanto àquela quanto a esta. De certo modo, portanto, pode-se chamar de física tanto a formação da alma como a formação do corpo.

Mas essa formação física do espírito distingue-se da sua formação moral pelo fato de esta ter a liberdade em vista, ao passo que a outra se volta à natureza. Um ser humano pode ser muito cultivado fisicamente, pode ter um espírito bem formado, mas ao mesmo tempo ser mal cultivado moralmente, até mesmo uma criatura má.

A cultura *física*, contudo, tem de ser distinguida da *prática*, sendo a última *pragmática* ou *moral*. No último caso, trata-se de *moralização*, não de *cultivação*.

Dividimos a cultura *física* do espírito em cultura física *livre* e cultura física *escolástica*. A *livre* é, por assim dizer, apenas brincadeira; a *escolástica*, em contrapartida, consiste em uma tarefa. A *livre* é a que sempre deve ser observada junto ao pupilo; na *escolástica*, porém, o pupilo é considerado como sob coação. É possível estar ocupado na brincadeira; isso se chama estar ocupado no lazer. Mas também é possível estar ocupado na coação, e isso se chama trabalhar. Para a criança, a formação escolástica deve ser trabalho; a livre, brincadeira.

Para descobrir qual método seria o melhor na educação, o que também é muito louvável, foram projetados diferentes planos educacionais. Entre outras coisas, ocorreu também a ideia de deixar que as crianças aprendessem tudo como em uma brincadeira. Em um volume do periódico *Göttingisches Magazin*, Lichtenberg se debruça sobre a ilusão de pretender que os meninos – os quais deveriam ser acostumados logo cedo a realizar tarefas porque um dia ingressarão em uma vida voltada às mesmas – façam tudo como em uma brincadeira. Isso tem um efeito totalmente contrário. A criança deve brincar, deve ter horas de descanso, mas também deve aprender a trabalhar. Certamente, a cultura da sua habilidade também é tão boa como a cultura do espírito, mas ambas as espécies de cultura têm de ser exercitadas em horários diferentes. É já uma particular infelicidade para o ser humano o fato de ele ser tão inclinado à inatividade. Quanto mais um ser humano tiver mandriado, tanto mais dificilmente ele optará por trabalhar.

No trabalho, a ocupação não é agradável em si mesma; antes, ela é empreendida com outro intuito. Na brincadeira, em contrapartida, a ocupação é agradável por si, sem intencionar propósito nenhum além desse. Quando se vai passear, o intuito é o próprio passear, e, assim, quanto mais longa for a caminhada, tanto mais agradável ela será para nós. Mas, se caminhamos para algum lugar, o intuito do nosso caminhar é a companhia de quem se encontre no local, ou então alguma outra coisa, e preferimos escolher o caminho mais curto. Também é assim com os jogos de cartas. É de fato excepcional quando se vê a disposição de homens sensatos para permanecer sentados, não raro horas a fio, e para embaralhar cartas. Disso se conclui que o ser humano não deixa de ser criança tão facilmente. Pois em qual aspecto esse jogo seria melhor do que a brincadeira de bola das crianças? Não que os adultos cheguem a cavalgar em cavalos de pau, mas eles se entretêm com outros passatempos.

É da maior importância que as crianças aprendam a trabalhar. O ser humano é o único animal que tem de trabalhar. Antes de poder fruir de algo em vista do seu sustento, ele deve passar por várias preparações. A questão se o céu, em maior benevolência, não haveria de nos ter provido de tudo, senão teria feito com que encontrássemos tudo já pronto, de modo que não tivéssemos de trabalhar, decerto deve ser respondida negativamente, pois o ser humano demanda tarefas, mesmo aquelas que impliquem certa coação. Igualmente equivocada é a ideia de que, se Adão e Eva tivessem permanecido no paraíso, eles não teriam feito nada ali além de ficar sentados juntos, entoando cantos arcádicos e contemplando a beleza da natureza. O tédio certamente teria acabado por torturá-los, tal como faria a outras pessoas em uma situação similar.

O ser humano deve ser ocupado de uma maneira que corresponda ao propósito que tem em vista, de tal modo que ele não chegue a senti-lo, e o melhor descanso, para o mesmo, é o que vem após o trabalho. A criança, portanto, tem de ser acostumada a trabalhar. E onde a inclinação ao trabalho há de ser cultivada senão na escola? A escola é uma cultura da ordem da coação. É extremamente prejudicial acostumar a criança a enxergar tudo como brincadeira. Deve ter hora para descansar, mas a mesma também deve ter hora para trabalhar. Ainda que a criança não compreenda logo a utilidade dessa coação, no futuro ela perceberá o grande proveito disso. De um modo geral, se as suas perguntas "Para que isso? E para que aquilo?" não ficam sem resposta, isso só faz amimalhar demasiadamente a indiscrição das crianças. A educação tem de ser da ordem da coação, mas nem por isso ela deve ser servil.

Em relação à livre cultura das faculdades do ânimo, deve-se observar que ela está sempre a progredir. A rigor, ela tem de concernir às faculdades superiores. As inferiores são sempre cultivadas paralelamente, mas apenas com referência às superiores; a espirituosidade, por exemplo, com referência ao entendimento. Aqui, a regra principal é que nenhuma faculdade do ânimo tenha de ser cultivada isoladamente por si, mas que cada uma delas o seja somente em relação às outras; por exemplo, quando a imaginação é apenas cultivada em prol do entendimento.

As faculdades inferiores não têm nenhum valor somente por si; por exemplo, no caso de um ser humano que tenha muita memória, mas não possua nenhuma faculdade de julgamento. Alguém assim, então, é um léxico vivo. São necessários também aqueles burros de carga do Parnasso, os quais, ainda que não possam realizar propriamente nada de esmerado, carregam materiais para que outros possam produzir algo de bom a partir destes. Espirituosidade leva a puras parvoíces se a faculdade do juízo não vier acrescida à mesma. Entendimento é o conhecimento do geral. Faculdade do juízo é a aplicação do geral ao particular. Razão é a capacidade de compreender o vínculo entre o geral e o particular. Essa livre cultura prossegue em seu curso desde a infância, até o momento em que o jovem recebe dispensa da educação. Se um jovem, por exemplo, fizer referência a uma regra geral, poderíamos citar casos da história, fábulas em que essa regra esteja disfarçada, passagens de poemas em que ela já seja expressa, e assim dar-lhe ocasião para exercitar sua espirituosidade, sua memória etc.

A máxima *"tantum scimus, quantum memoria tenemus"* ("sabemos tanto quanto retemos na memória") decerto tem sua correção e, por isso, a cultura da memória é muito necessária. Todas as coisas são constituídas de modo que o entendimento suceda às impressões sensíveis, e que a memória tenha de retê-las. Assim ocorre às línguas, por exemplo. Pode-se aprendê-las ou por meio do memorizar convencional, ou então mediante a convivência, e esta última é o melhor método em relação às línguas vivas. Aprender vocabulário é de fato necessário, mas o melhor é deixar o jovem aprender as palavras usadas pelo autor que lemos junto com ele. A juventude precisa ter sua carga de tarefas, certa e determinada. Assim, geografia se aprende da melhor maneira também por meio de certo mecanismo. A memória, sobretudo, adora esse mecanismo, e ele é bem útil também em uma série de casos. Para a história, ainda não foi inventado até agora nenhum mecanismo bem apropriado; buscou-se utilizar tabelas, mas parece que mesmo com estas não foram obtidos resultados satisfatórios. Mas a história é um excelente meio de exercitar o entendimento no julgamento. O memorizar é muito necessário, mas não tem serventia como mero exercício; por exemplo, fazer com que decorem discursos. Na melhor das hipóteses, ele ajuda a promover o atrevimento, e o declamar, ademais, é coisa apenas para homens. A isso pertence também tudo que se aprenda somente para um exame futuro, ou em vista de *futuram oblivionem* (do "esquecimento futuro"). A memória tem de ser ocupada apenas com aquelas coisas que, para nós, convenham ser recordadas e que tenham relação com a vida real. O mais prejudicial é a leitura de romances pelas crianças, pois estas não fazem nenhum uso disso além do entretimento que essa leitura lhes oferece no momento. Ler romances debilita a memória. Pois seria risível pretender decorar romances e recontá-los a outrem. Por isso, todo romance deve ser tomado das mãos da crianças. Ao lê-los, elas criam para si um novo romance dentro do romance, pois lucubram como as circunstâncias seriam em um desenvolvimento distinto, e, dispersas, não saem do lugar.

Distrações não devem ser toleradas, nunca, muito menos na escola, pois elas acabam por trazer certa inclinação, certo costume. Em uma criança entregue à distração, são arruinados mesmo os mais belos talentos. Embora se distraiam durante o divertimento, elas tornam a se concentrar logo em seguida; é mais comum vê-las distraídas quando têm graves travessuras em mente, pois então refletem sobre como poderiam encobertá-las ou repará-las. Nesses casos, elas escutam pela metade, respondem mal, não sabem o que leem etc.

A memória tem de ser cultivada cedo, mas, ao mesmo tempo, paralelamente, também é preciso cultivar o entendimento.

A memória é cultivada 1) mediante a retenção dos nomes em narrativas; 2) por meio da leitura e da escrita; mas esta tem de ser praticada de cabeça e não por ditados; 3) por meio do estudo de línguas, ensinadas às crianças primeiro pela escuta, antes que ainda tenham de ler algo. Depois, uma obra como o *Orbis pictus*, como é chamado, adaptado de modo apropriado, presta seus bons serviços, e pode-se proceder à herborização, à mineralogia e à descrição da natureza em geral. Fazer um esboço desses objetos dá ocasião, então, ao desenhar e ao modelar, para os quais a matemática se faz necessária. É mais vantajoso que a primeira lição de ciências se refira à geografia, tanto à geografia matemática quanto à geografia física. Relatos de viagem, ilustrados por gravuras e mapas, conduzem, então, à geografia política. A partir do presente estado da superfície terrestre, volta-se logo ao estado antigo, passa-se à descrição da Terra antiga, à história antiga etc.

Na lição, deve-se buscar combinar na criança, pouco a pouco, o conhecimento e a capacidade. Entre todas as ciências, a matemática parece ser a única da espécie que satisfaz esse propósito último da melhor forma. Ademais, devem ser combinados o conhecimento e a fala (oratória, retórica e eloquência). Mas a criança também tem que aprender muito bem a distinguir entre o conhecimento e as meras opinião e crença. Dessa maneira, são predispostos um entendimento correto e um gosto *correto*, não *fino* ou *delicado*. Este deve ser, em primeiro lugar, gosto dos sentidos, sobretudo dos olhos, mas, por fim, das ideias.

Regras têm de ser encontradas em tudo que haja de cultivar o entendimento. Também é muito útil abstrair as regras, para que o entendimento proceda não de modo meramente mecânico, mas com a consciência de uma regra.

Também é muito bom exprimir as regras por intermédio de certa fórmula, e que assim a memória se familiarize a elas. Ainda que tenhamos esquecido o uso, logo tornamos a encontrar orientação se tivermos as regras na memória. Aqui, a questão é: será que o ensino das regras *in abstracto* deve ser precedente? E será que as regras devem ser aprendidas apenas posteriormente, quando se tiver consumado o uso? Ou será que regra e uso devem caminhar lado a lado? Só o último é aconselhável. No caso distinto, o uso será muito incerto até que se chegue à regra. Mas, em ocasiões, as regras também devem ser organizadas em classes, pois não há como retê-las se não estiverem propriamente relacionadas umas às outras. No caso das línguas, portanto, o ensino da gramática deve sempre preceder em algo.

* * *

Mas agora temos de oferecer também um conceito sistemático referente ao propósito todo da educação e da maneira como ele deve ser alcançado.

1) *A cultura geral das faculdades do ânimo*, diferente da particular. Ela visa habilidade e aprimoramento; não que o pupilo seja instruído particularmente nas mesmas, mas que suas faculdades do ânimo sejam fortalecidas. Ela é:

a) ou *física*. Aqui, tudo se baseia no exercício e na disciplina, sem que as crianças possam conhecer máximas. Ela é *passiva* para o aprendiz; este tem de obedecer às orientações de outrem. Outros pensam por ele.

b) ou *moral*. Ela se baseia então não em disciplina, mas em máximas. Tudo estará perdido caso se pretenda fundá-la em exemplo, ameaças, punições etc. Nesse caso, ela seria apenas disciplina. Deve-se cuidar para que o pupilo aja de bom modo segundo máximas próprias, não por costume; que ele não apenas faça o bem, mas que o faça porque isso é bom. Pois todo o valor moral das ações consiste nas máximas do bem. A educação física se distingue da educação moral no fato de a primeira ser passiva para o pupilo, ao passo que esta é ativa. Ele tem de compreender, sempre, que a ação tem fundamento e origem nos conceitos do dever.

2) *A cultura particular das faculdades do ânimo.* Aqui estão implicadas a cultura da capacidade cognitiva, a dos sentidos, da imaginação, da memória, a das forças da atenção e a da espirituosidade, as quais concernem, portanto, às *faculdades inferiores* do entendimento. Sobre a cultura dos sentidos, como a da visão, por exemplo, já se falou acima. Em relação à cultura da imaginação, deve-se observar o seguinte: crianças têm uma imaginação extremamente forte, e esta prescinde totalmente de ser alargada e estendida por fábulas. Antes, ela deve ser contida e submetida a regras, mas também não há necessidade de deixá-la totalmente desocupada.

Em si, os mapas têm algo que atrai todas as crianças, mesmo as menores. Ainda que se enfastiem de todo o resto, elas aprendem algo ao fazer uso daqueles. E os mapas são um bom entretimento para as crianças, pela qual sua imaginação não logra vaguear, mas é obrigada, por assim dizer, a se ater a certa figura. O ensino das crianças poderia de fato começar pela geografia. Ao mesmo tempo podem ser combinadas figuras de animais, plantas etc.; estas hão de vivificar a geografia. Já a história teria de aparecer somente mais tarde.

Em relação ao fortalecimento da atenção, note-se que isso deve ocorrer de um modo geral. Um rígido ater-se dos nossos pensamentos a um objeto é menos um talento de que uma fraqueza do nosso sentido interno, pois nesse caso ele é inflexível e não pode ser aplicado conforme a vontade. Distração é inimiga de toda educação. A memória, por sua vez, baseia-se na atenção.

Em relação às *faculdades superiores do entendimento*, porém, aqui se implicam a cultura do entendimento, da faculdade do juízo e a cultura da razão. De início, o entendimento também pode ser formado, em certa medida, de maneira passiva, por meio da apresentação de exemplos relativos à regra, ou então, inversamente, mediante a descoberta das regras relativas aos casos particulares. A faculdade do juízo mostra qual uso há ser feito do entendimento. Ela é necessária para entender aquilo que se aprende ou diz, e para não repetir algo sem tê-lo entendido. Quantos leem e escutam algo sem entendê-lo, ainda que acreditem tê-lo logrado! Inclusive imagens e coisas.

Por meio da razão são compreendidos os fundamentos. Mas deve-se ter em mente que aqui se trata de uma razão que ainda é guiada. Portanto, ela não precisa querer racionalizar sempre, mas também não deve fazer muitas racionalizações prévias sobre aquilo que vá além dos conceitos. Trata-se aqui não da razão especulativa, mas ainda da reflexão sobre aquilo que ocorre, considerando suas causas e seus efeitos. É uma razão prática, em suas gestão e instituição.

As faculdades do ânimo são cultivadas da melhor maneira quando é feito propriamente tudo que se pretenda realizar – por exemplo, quando as regras gramaticadas aprendidas são aplicadas de imediato. Compreende-se um mapa da melhor maneira quando se logra desenhá-lo sozinho. O compreender tem o produzir como maior recurso auxiliar. Aquilo que alguém aprenda por si mesmo, por assim dizer, é aprendido de modo mais aprofundado e retido da melhor maneira. No entanto, são poucos os seres humanos capazes de fazê-lo. Chamam-se autodidatas (αυτοδιδακτοι).

No desenvolvimento da razão, deve-se proceder da maneira socrática. Em seus diálogos, que Platão, de certo modo, preservou para nós, o próprio Sócrates, que se autodenominou parteiro dos conhecimentos dos seus ouvintes, dá exemplos de como é possível, mesmo no caso de pessoas mais velhas, extrair algo da sua própria razão. Em vários aspectos, as crianças não precisam exercitar a razão. Elas não têm que raciocinar sobre tudo. Não precisam saber os fundamentos daquilo que há de torná-las bem-educadas, mas devem tomar conhecimento dos fundamentos quando se trate do dever. Não obstante, deve-se atentar, no geral, para que conhecimento de razão seja não inculcado nas crianças, mas extraído delas. O método socrático deveria constituir a regra do método catequético. Ele decerto é um pouco vagaroso, e é difícil levá-lo a cabo de modo que, enquanto o conhecimento seja extraído de uma criança, as outras também aprendam algo ao mesmo tempo. O método mecânico-catequético também é bom para algumas ciências; por exemplo, na exposição da religião revelada. No caso da religião universal, em contrapartida, deve-se utilizar o método socrático. Com referência àquilo que deva ser aprendido historicamente, recomenda-se preferivelmente o método mecânico-catequético.

A formação dos sentimentos de prazer ou desprazer também toma parte aqui. Ela deve ser negativa, mas o sentimento mesmo não deve ser amimalhado. Para o ser humano, a inclinação à comodidade é o pior de todos os males da vida. Daí ser extremamente importante que as crianças aprendam a trabalhar desde cedo. As crianças, desde que já não sejam amimalhadas, de fato adoram divertimentos que levem à fadiga e ocupações que exijam algo das forças. Quanto àquilo que lhes apraz, não se deve fazer com que adquiram gosto, nem permitir que tenham escolha. É comum que as mães mimem suas crianças nesse aspecto e as deixem amimalhadas de um modo geral. E, não obstante, nota-se que as crianças, principalmente os filhos, amam mais os pais do que as mães. Provavelmente isso tem origem no fato de as mães não deixarem que elas saiam pulando por aí, correndo por todos os lados e coisas do tipo, por temor de que possam se machucar. O pai, em contrapartida, que ralha, também talvez agrida as crianças quando são travessas, às vezes as leva ao campo e deixa que corram por ali, que brinquem e se divirtam como jovens.

Acredita-se que a paciência das crianças é exercitada quando se deixa que passem um longo tempo à espera de algo. Isso, contudo, não há mesmo que ser necessário. Mas elas decerto precisam de paciência durante enfermidades e coisas do tipo. A paciência é de duas espécies. Ela consiste ou em renunciar a toda esperança, ou então em recobrar a animação. A primeira não é necessária caso se demande sempre apenas o possível, e a última é sempre permitida caso se deseje somente o que seja correto. Em enfermidades, porém, a desesperança é tão capaz de agravar o estado quanto a boa animação é capaz de lhe trazer melhora. Mas também não abandona a esperança quem ainda consiga se animar com relação ao seu estado físico ou moral.

Crianças também não devem ser tornadas tímidas. Isso ocorre, principalmente, quando lhes são feitos insultos e quando são envergonhadas com mais frequência. Em particular, a isso pode ser contado o chamado de muitos pais: "Ei! Devia ter vergonha!" Não está nem um pouco claro, por exemplo, o porquê de as crianças terem de se envergonhar quando colocam o dedo na boca e fazem coisas do tipo. Pode-se dizer a elas que aquilo "não é costume", que não é "boa maneira", mas nunca se deve chamar a atenção das crianças com um "Ei! Devia ter vergonha!", a não ser no caso de estarem mentindo. A natureza deu ao ser humano o senso de vergonha para que ele se traia logo que minta. Por isso, se os pais nunca falarem com as crianças sobre vergonha, a não ser quando elas mentem, acaba que as crianças conservam por toda a vida esse rubor referente ao mentir. Se elas forem envergonhadas sem parar, contudo, isso funda uma timidez que segue aderida às mesmas de maneira irrevogável.

Como já dito acima, a vontade das crianças não deve ser dobrada; antes, ela tem apenas que ser guiada de maneira que ceda aos impedimentos naturais. De início, sem dúvida, a criança deve obedecer cegamente. Não é natural que a criança comande com seus gritos, nem que o forte obedeça ao fraco. Por isso, não se deve, nunca, nem na primeira juventude, ceder aos seus gritos ou deixar que ela force algo dessa maneira. É comum que os pais se equivoquem nesse aspecto e queiram repará-lo depois, recusando às crianças, mais tarde, tudo o que estas lhes peçam. Mas é muito errado recusar-lhes, sem razão – apenas para lhes oferecer resistência –, aquilo que esperam da bondade dos pais, e deixar que as mesmas, os seres mais fracos, sintam a prepotência daqueles.

Crianças são mimadas quando suas vontades são satisfeitas, e as educa muito errado quem age de maneira a ir totalmente ao encontro das suas vontades e dos seus desejos. A primeira coisa costuma ocorrer enquanto elas são um joguete dos pais, principalmente na época em que começam a falar. Mas do mimar resulta um prejuízo até maior, para toda a vida. Quando se age contra as vontades das crianças, contudo, caso ao mesmo tempo se impeça que elas mostrem seu contragosto – algo que decerto deve ocorrer –, tanto mais elas se revoltam internamente. Elas ainda não aprenderam o modo como devem se portar no momento. Assim, a regra que deve ser observada com relação às crianças, desde cedo, é esta: que sejam acudidas se acreditamos, quando gritam, que algo lhes faz mal, mas que sejam deixadas onde estiverem caso o façam por mero contragosto. E um proceder igual também deve ser recorrente depois. Nesse caso, a resistência que a criança encontra é totalmente natural e, a rigor, negativa, uma vez que apenas não se cede às suas vontades. Algumas crianças, em contrapartida, obtêm dos pais tudo que elas demandam se recorrerem a súplicas. Caso se deixe que as crianças obtenham tudo pelo grito, elas se tornam maliciosas; mas, se obtêm tudo por meio de súplicas, tornam-se malemolentes. Por isso, deve-se atender à súplica da criança caso não se tenha nenhuma razão considerável para o contrário. Mas, se houver motivo para não atendê-la, também não há necessidade de deixar ser movido por um suplicar em demasia. Toda resposta negativa deve ser irrevogável. Ela tem como primeiro efeito, então, o de não precisar fazer recusas com mais frequência.

Suponha-se que a criança tenha uma disposição natural à teimosia, o que é possível assumir apenas em circunstâncias extremamente raras; nesse caso, é melhor proceder de maneira que, se ela não fizer nada que seja do nosso agrado, também não façamos, em turno, nada que a agrade. Dobrar a vontade gera uma maneira de pensar servil; resistência natural, em contrapartida, traz docilidade.

A cultura moral deve se fundar em máximas, não em disciplina. Esta impede a má-conduta; aquelas formam a maneira de pensar. Deve-se atentar para que a criança se acostume a agir segundo máximas, e não segundo certos impulsos. Por meio da disciplina, sobra apenas um hábito, que também desaparece com os anos. A criança deve aprender a agir segundo máximas cuja justeza ela mesma compreenda. Nota-se facilmente que é difícil fazer com que isso ocorra em crianças muito jovens, e a formação moral, por essa razão, também exige maior compreensão por parte dos pais e dos mestres.

Se a criança mentir, por exemplo, ela não deve ser punida; antes, é preciso confrontá-la com o desprezo, dizer-lhe que no futuro ninguém lhe dará crédito, e coisas do tipo. Porém, se a criança é punida quando faz algo de mau e recompensada quando faz algo de bom, ela fará o bem para ser bem tratada. Mais tarde, quando ela for ao mundo, onde as coisas não são dessa maneira, onde ela pode fazer algo de bom sem ser recompensada e o mau sem receber punição, ela se tornará um ser humano que só tem olhos para aquilo que lhe permita se dar bem no mundo e que seja bom ou mau a depender do que lhe convier.

As máximas devem surgir do próprio ser humano. Na cultura moral, deve-se buscar ensinar cedo à criança conceitos referentes ao que seja bom ou mau. Caso se queira fundar moralidade, não se deve punir. Moralidade é algo tão santo e sublime que não deve ser degradada dessa maneira, nem colocada no mesmo nível da disciplina. Na educação moral, o primeiro esforço é fundar um caráter. O caráter consiste na aptidão de agir segundo máximas. No começo, estas são máximas escolares, e, mais tarde, máximas da humanidade. No começo, a criança obedece a leis. Máximas também são leis, mas subjetivas; são provenientes do próprio entendimento do ser humano. Mas nenhuma transgressão da lei escolar tem de passar impune, embora a punição deva sempre fazer jus à transgressão.

Quando se pretende formar um caráter em crianças, é muito importante fazê-las notar certo plano em todas as coisas, certas leis que devam ser seguidas com o maior rigor. Assim, por exemplo, devem lhes ser estabelecidos horários para dormir, para o trabalho, para a diversão, e estes períodos também não devem ser estendidos ou encurtados posteriormente. Em coisas banais pode-se deixar que as crianças tenham escolha, só que depois elas devem sempre seguir aquilo que tornaram lei. Deve-se formar nas crianças não o caráter de um cidadão, mas o de uma criança.

Não são fiáveis os seres humanos que não colocaram certas regras a si mesmos; não raro é impossível saber como pensam, e nunca se logra saber muito bem o que acham de nós. De fato é recorrente que se repreenda gente que sempre age conforme regras, conforme o relógio – por exemplo, o homem que estabeleceu certo horário para cada ação –, mas não raro essa reprimenda é injusta, e, essa regularidade, uma disposição de caráter, ainda que pareça meticulosidade.

Ao caráter de uma criança, em particular de um aluno de escola, pertence obediência, isso antes de qualquer coisa. Esta é de duas espécies: primeiro, uma obediência à *vontade absoluta* de um guia, mas também, em segundo lugar, à vontade de um guia *reconhecida como razoável e boa*. A obediência pode ser derivada da coação, e então ela é *absoluta*, ou da confiança, e nesse caso, ela será da outra espécie. Essa obediência *voluntária* é muito importante; mas aquela também é extremamente necessária, uma vez que prepara a criança para o cumprimento daquelas leis que ela terá de cumprir futuramente como cidadão, ainda que elas não lhe agradem.

Por isso, crianças têm de ser submetidas a certa lei da necessidade. Mas essa lei deve ser universal, algo que se tem de observar especialmente nas escolas. Na presença de várias crianças, o mestre não deve mostrar nenhuma predileção, nenhuma preferência por alguma delas em especial. Pois senão a lei deixa de ser universal. Assim que a criança nota também que nem todos os demais são obrigados a se submeter à mesma lei, ela se torna rebelde.

Sempre se fala muito que todas as atividades deveriam ser apresentadas às crianças de uma maneira que as fizesse realizá-las por inclinação. Isso decerto é bom em alguns casos, mas muitas atividades têm de lhes ser prescritas como dever. Mais tarde isso será de grande utilidade, para toda a vida. Pois no pagamento de encargos fiscais públicos, em tarefas do ofício, e em vários outros casos, somente o dever, não a inclinação, pode nos guiar. É melhor que seja assim, mesmo supondo que a criança também não compreenda o dever, e talvez ela reconheça que algo seja seu dever como criança; mais difícil seria que reconhecesse algo como seu dever enquanto ser humano. Se ela também pudesse reconhecê-lo, o que só é possível no passar dos anos, a obediência seria ainda mais perfeita.

Toda transgressão de uma ordem pela criança é uma falta de obediência, e esta acarreta punição. A punição não é desnecessária, mesmo se referente a uma transgressão de ordem causada por desatenção. Essa punição é ou *física* ou *moral*.

Pune-se *moralmente* quando se acomete contra as inclinações a ser honrado e a ser amado, que são recursos auxiliares da moralidade – por exemplo, quando se faz a criança sentir vergonha, quando é tratada com indiferença e frieza. Essas inclinações devem ser conservadas tanto quanto possível. Daí essa espécie de punição ser a melhor, pois presta auxílio à moralidade. Quando uma criança mente, por exemplo, um olhar de desprezo é punição suficiente e mais apropriada.

Punições *físicas* consistem ou em recusar o desejado, ou então em infligir castigos. A primeira espécie da mesma é afínica à punição moral e é negativa. As outras punições devem ser aplicadas com cautela, para que não façam surgir uma *indoles servilis*. Recompensar as crianças não tem serventia; isso as torna interesseiras e faz surgir uma *indoles mercennaria*.

Ademais, a obediência é ou da *criança*, ou do *jovem na adolescência*. À transgressão da mesma sucede punição. Esta é ou uma punição efetivamente *natural*, que o ser humano atrai a si mesmo por sua conduta – por exemplo, a criança que fica doente quando come demais –, e essas punições são as melhores, pois o ser humano sofre as mesmas por toda a sua vida, e não somente quando criança; ou então a punição é *artificial*. As inclinações a ser respeitado e a ser amado são meios seguros para instituir os castigos de maneira que sejam duradouros. Punições físicas devem ser meros complementos à insuficiência das punições morais. Quando estas não ajudam mais e passa-se, então, às punições físicas, deixa-se de formar um bom caráter. Inicialmente, contudo, a coação física deve compensar a falta de reflexão das crianças.

Punições que sejam aplicadas com a marca da ira têm o efeito errado. Nesse caso, as crianças as enxergam apenas como consequências, ao passo que veem a si mesmas como objetos da afecção de outrem. No geral, punições devem ser infligidas às crianças sempre com o cuidado de fazer com que vejam que o propósito último das mesmas é apenas o seu melhoramento. É tolice obrigar as crianças a agradecer depois que forem punidas, a beijar as mãos e coisas do tipo, e isso as torna servis. Se punições físicas forem repetidas com frequência, as crianças ficam casmurras, e, se os pais punem suas crianças por teimosia, isso só faz com que se tornem ainda mais teimosas. Nem sempre as pessoas com essa característica são também seres humanos piores; antes, elas não raro cedem facilmente a boas ideias.

A obediência do jovem na adolescência é diferente da obediência da criança. Ela consiste na submissão às regras do dever. Fazer algo por dever significa: obedecer à razão. Dizer algo sobre dever às crianças é tarefa vã. No fim, elas veem o mesmo como algo cuja transgressão leva à vara. A criança poderia ser guiada por meros instintos, mas, logo que crescida, o conceito de dever tem de entrar em cena. A vergonha também deve ser causada somente nos anos da adolescência, mas não nas crianças. Pois isso só pode ocorrer depois que o conceito de honra já tiver formado raízes.

Um segundo traço principal na fundação do caráter da criança é a veracidade. Ela é o traço fundamental e aquilo de essencial em qualquer caráter. Um ser humano que mente não tem nenhum caráter, e, se tiver algo de bom em si, isso resulta apenas do seu temperamento. Algumas crianças têm uma inclinação à mentira, que até com frequência deriva de uma imaginação vivaz. É incumbência do pai atentar para que a criança se desacostume dela; pois geralmente as mães a consideram coisa insignificante, ou então de pouca importância; não raro elas encontram nessa imaginação uma prova das disposições e capacidades superiores das suas crianças, algo a lisonjeá-las. Essa é a ocasião de fazer uso da vergonha, pois agora a criança decerto a compreende. O rubor de vergonha nos denuncia quando mentimos, mas nem sempre é uma prova de que o fazemos. Não raro se ruboriza diante do descaro de outrem em nos imputar alguma culpa. Não se deve buscar, sob nenhuma condição, extrair a verdade forçosamente das crianças mediante punições, a não ser que suas mentiras acarretem dano, e, nesse caso, elas são punidas devido ao último. Perda do respeito é a única punição apropriada por mentir.

Punições também podem ser divididas em punições *negativas* e punições *positivas*. As primeiras seriam aplicadas em caso de mândria ou de imoralidade – por exemplo, no caso de mentira, de intransigência e de inconciliabilidade. Já as punições positivas são reservadas ao contragosto. Acima de tudo, porém, deve-se evitar ter algum rancor das crianças.

Um terceiro traço no caráter de uma criança deve ser a *sociabilidade*. A criança também tem de manter amizade com outros, e não deve ficar sempre sozinha, voltada a si mesma. Nas escolas, alguns mestres são contrários a essa ideia; mas estão muito equivocados. As crianças têm de se preparar para a mais doce fruição da vida. Já os mestres devem preferir alguma delas não devido aos seus talentos, mas apenas por seu caráter. Pois senão surge uma inveja contrária à amizade.

As crianças também devem ter o coração aberto e um olhar tão sereno quanto um dia de sol. Só o coração alegre é capaz de sentir agrado no bem. É falsa qualquer religião que torne o ser humano taciturno; pois ele deve servir a Deus com um coração alegre, e não por coação. O coração alegre não deve ser mantido rigorosamente sob a coação da escola, pois nesse caso ele logo será reprimido. Se tiver liberdade, ele torna a se convalescer. Para isso são úteis certas brincadeiras nas quais a criança tenha liberdade e em que ela se esforce sempre no sentido de superar a outrem em algo. Então a alma se torna novamente serena.

Muitas pessoas pensam que seus anos de juventude foram os melhores e os mais agradáveis das suas vidas. Mas provavelmente esse não é o caso. São os anos mais difíceis, pois a pessoa ainda se encontra submetida a um intenso cultivo; raramente ela logra ter um amigo de verdade, e ainda mais raramente logra ter liberdade. Horácio já diz: "*Multa tulit fecitque puer, sudavit et alsit*" ("Suportou e fez muito quando menino, suou e passou frio").

* * *

Crianças só devem ser ensinadas naqueles assuntos que convenham à sua idade. Alguns pais se alegram quando suas crianças aprendem a falar antes do tempo, precocemente. Geralmente, porém, essas crianças não se tornam nada de especial. Uma criança deve ter astúcia de criança. Ela não deve se tornar um imitador cego. Mas uma criança que conheça máximas morais reservadas a pessoas mais velhas está totalmente alheada daquilo que se determina para a sua idade, e imita. Ela deve apenas ter o entendimento de uma criança, e não se fazer notar muito cedo. Essa criança nunca se tornará um homem compreensivo e de entendimento serenado. Igualmente insuportável é quando uma criança já quer seguir todos os modismos – por exemplo, ter um corte de cabelo, trazer adornos nas mangas, até carregar uma tabaqueira. Assim, ela adquire uma maneira afetada, que não cabe a uma criança. Uma sociedade civilizada será um fardo à mesma, e, no fim, falta-lhe por completo qualquer caráter estrênuo de homem. Justamente por essa razão, deve-se também combater cedo qualquer vaidade na criança, ou, dito mais corretamente, não dar-lhe azo a se tornar vaidosa. Mas isso ocorre quando já lhes inculcam cedo algo a respeito de quão belas elas são, que este ou aquele adornamento lhes cai primorosamente bem, ou quando o adorno lhe é prometido e regalado como gratificação por algo. Adornamentos não têm nenhuma serventia para as crianças. Seu vestuário asseado e simples deve lhes ser provido tão somente como necessidade. Mas os pais, por si, também não devem dar nenhum valor a essas coisas, não devem ficar diante do espelho, pois, aqui como em qualquer circunstância, o exemplo é onipotente, e ele consolida ou aniquila o bom ensinamento.

Sobre a educação prática

Fazem parte da educação prática: 1) habilidade, 2) prudência mundana, 3) moralidade. Em relação à *habilidade*, deve-se atentar para que ela tenha solidez e não seja superficial. A pessoa não deve assumir a aparência de ter um conhecimento a respeito das coisas que depois não pudesse ser sustentado. Na habilidade, tem de haver solidez, que gradualmente deve se tornar costume na maneira de pensar. Ela é aquilo de essencial ao caráter de um homem. Habilidade pertence ao talento.

Em relação à *prudência mundana*, esta consiste na arte de fazer bom proveito da nossa habilidade, isto é, consiste no modo como logramos nos servir das pessoas para nossos intuitos. Para isso, algumas coisas são necessárias. A rigor, trata-se do último aspecto a caracterizar o ser humano; em valor, porém, ela assume a segunda posição.

Caso a criança venha a ser entregue à prudência mundana, ela há de se tornar dissimulada e impenetrável, mas poderá perscrutar o outro. Acima de tudo, ela há de dissimular em referência ao seu caráter. A arte da aparência exterior é o decoro. E é preciso possui-la. É difícil perscrutar outras pessoas, mas faz-se necessário compreender essa arte, tornar-se impenetrável a ela. Pertencem-lhe o dissimular, isto é, a discrição dos próprios defeitos, e aquela aparência exterior. O dissimular não é sempre fingimento e, às vezes, pode ser permitido, mas ele chega bem perto da deslealdade. A dissimulação é um recurso desesperado. É próprio à prudência mundana não se enfurecer de imediato; mas também não se deve ser demasiado indolente. Assim, é necessário ser não impetuoso, mas estrênuo. Ser estrênuo é diferente de ser impetuoso. Um estrênuo (*strenuus*) é aquele que se compraz no querer. Isso é próprio à moderação do afeto. A prudência mundana diz respeito ao temperamento. *Moralidade* diz respeito ao caráter. "*Sustine et abstine*" é o que prepara para uma moderação sábia. Caso se queira formar um bom caráter, deve-se primeiro eliminar as paixões. Em relação às suas inclinações, o ser humano tem de se habituar a não deixar que elas se tornem paixões; antes, ele deve aprender a se privar de algo, para caso este lhe venha a ser negado. "*Sustine*" significa: tolera e te acostuma a suportar!

Coragem e inclinação são necessárias caso se queira aprender a se privar de algo. É necessário se acostumar a recusas, à resistência etc.

Ao temperamento pertence simpatia. Deve-se evitar nas crianças qualquer simpatia cheia de nostalgia, languescente. Na realidade, simpatia é sensibilidade; ela só acorda com um caráter que seja sensível. Ainda, ela é diferente da compaixão, e é um mal que consiste apenas em lamentar alguma coisa. Deve ser dado às crianças um pouco de dinheiro com o qual possam ajudar os necessitados, pois nisso se vê se têm compaixão ou não; se forem generosas apenas com o dinheiro dos seus pais, isso já não se aplicará.

A expressão "*festina lente*" alude a uma atividade contínua na qual, para aprender muitas coisas, é preciso se apressar bem, isto é, "*festina*". Mas também se deve aprender com solidez e, portanto, dedicar tempo ao aprendizado de cada aspecto, isto é, "*lente*". A questão agora é saber o que seria preferível, se deve-se ter um grande volume de conhecimento ou então um saber apenas reduzido, mas que seja sólido. Saber menos, mas com solidez, é melhor do que saber muito e com superficialidade, pois esta última, no fim, há de se fazer notar. Mas a criança não sabe em quais circunstâncias pode ocorrer de ela precisar deste ou daquele conhecimento; e, por isso, é decerto melhor que saiba algo de tudo com alguma solidez, pois senão ela enganaria e deslumbraria os outros com seus conhecimentos aprendidos superficialmente.

O último aspecto é a fundação do caráter. Este consiste na firme resolução de pretender fazer algo, e também na execução efetiva do mesmo. Diz Horácio: "*vir propositi tenax*" ("de propósito tenaz"), e este é um bom caráter! Se fiz uma promessa a alguém, por exemplo, também tenho de mantê-la; mesmo que, supostamente, isso traga danos a mim. Pois não se pode mais confiar propriamente em um homem que resolva algo, mas que não o faça. Por exemplo, se alguém se propõe a se levantar cedo todos os dias para estudar, ou para fazer isto ou aquilo, ou para passear, e então, na primavera, dá a desculpa de que ainda faz muito frio de manhã e que isso poderia lhe fazer mal, mas, no verão, alega que se dorme tão bem nessa época do ano, que o sono lhe é tão agradável, e adia assim sua resolução, dia após dia, acaba que, no final, nem ele confia mais em si mesmo.

Tudo que seja contrário à moral é excluído de tais resoluções. No caso de um ser humano ruim, o caráter é muito mau, mas aqui também já se trata de obstinação se ele executa suas resoluções e persevera, ainda que fosse melhor que ele se mostrasse assim no bem, embora aquilo seja apreciável.

Não há muito que esperar de alguém que sempre adie a execução das suas resoluções. É dessa espécie aquilo que se acostumou chamar de conversão futura. Pois nunca a logrará o ser humano que sempre viveu de modo vicioso e que queira ser convertido em um instante, a não ser que possa ocorrer um milagre, de maneira que ele, de uma vez, torne-se o que outro é – alguém que praticou o bem por toda sua vida e sempre pensou de modo íntegro. Mas justamente por isso também não há nada que esperar das peregrinações, das mortificações e dos jejuns; pois não é possível enxergar como as peregrinações e os demais costumes podem contribuir para transformar um ser humano vicioso em um ser humano honesto, de uma hora para outra.

O que prestaria à integridade e à melhoria se alguém jejua de dia e, à noite, torna a comer em compensação? Ou se alguém impõe ao seu corpo uma penitência que não logra contribuir em nada para a mudança da alma?

Para fundar um caráter moral nas crianças, temos de observar o seguinte:

Tanto quanto possível, é por meio de exemplos e ordenações que devem lhes ser ensinados os deveres que elas têm de cumprir. A rigor, estes são apenas deveres ordinários, concernentes a si mesmos e a outrem. Devem, portanto, ser derivados da natureza da coisa. Aqui, por essa razão, temos de considerar mais de perto:

a) *Os deveres concernentes a si mesmo*. Estes consistem não em comprar para si uma roupa magnífica, fazer refeições faustosas etc., mesmo que tudo haja de ser asseado. Eles consistem não em buscar satisfazer aos seus apetites e às suas inclinações, pois, pelo contrário, é preciso ser bem comedido e moderado; antes, consistem em que o ser humano tenha, em seu interior, certa dignidade que o enobreça perante todas as criaturas, e seu dever é não negar, em sua própria pessoa, essa dignidade peculiar à humanidade.

Mas a negamos, por exemplo, quando nos entregamos à bebida, quando cometemos pecados não naturais, quando praticamos toda espécie de intemperança etc., tudo que degrade o ser humano a um nível bem inferior ao dos animais. Ademais, quando um ser humano porta-se de modo servil diante de outras pessoas, quando sempre faz elogios para se insinuar – como crê fazer por meio de uma conduta tão indigna –, isso também é contrário à dignidade peculiar à humanidade.

No caso do desasseio, por exemplo, que de fato é inapropriado, ao menos à humanidade, também já seria possível fazer com que a criança, em si mesma, percebesse a dignidade própria ao ser humano. Efetivamente, contudo, desde que já seja capaz de pensar e de comunicar seus pensamentos a outrem, a criança também pode, mediante a mentira, degradar-se a um nível inferior ao da dignidade peculiar à humanidade. A mentira transforma o ser humano em objeto do desprezo geral e é um meio para roubar-lhe, por si, o respeito e a credibilidade que cada um deve a si mesmo.

b) *Os deveres concernentes a outrem*. A reverência e o respeito relativos ao direito próprio à humanidade já devem ser ensinados bem cedo à criança, e é preciso atentar para que os mesmos sejam postos em prática por ela; por exemplo, se uma criança se depara com uma criança mais pobre e, com arrogância, dá-lhe um empurrão ou a agride etc., não deve ser dito: "Não faz isso, machucas o outro; tem compaixão! É uma criança pobre!" etc. Antes, ela deve ser tratada com a mesma arrogância e com a mesma veemência, porque sua conduta foi contrária ao direito peculiar à humanidade. Mas a rigor as crianças ainda não têm generosidade. Pode-se depreendê-lo, por exemplo, do fato de que, se os pais dão ordem à sua criança para que esta doe a outrem metade do seu pão com manteiga, mas sem que a mesma, por essa razão, receba dos pais algo em troca depois, a criança ou não chega a fazê-lo, ou então só o faz muito raramente e com desgosto. Também não se pode ditar muita generosidade à criança, pois esta ainda não tem nada em sua posse.

Assim como Crugott, muitos ignoraram totalmente ou explicaram erroneamente a seção sobre moral que contém a doutrina dos deveres concernentes a si mesmo. Esse dever, como dito, consiste em que o ser humano preserve em sua própria pessoa a dignidade peculiar à humanidade. Em vista da ideia de humanidade, ele repreende a si mesmo. Ele tem em mente um original, com o qual se compara. Quando avança em idade, quando a inclinação ao sexo começa a se fazer sentir, então é chegado o momento crítico, no qual somente a dignidade própria ao ser humano é capaz de conter o jovem. Mas é necessário adverti-lo cedo sobre o modo como ele deve se preservar com relação a isto ou àquilo.

Falta às nossas escolas, quase por completo, algo que promoveria e muito a formação das crianças em relação à integridade, a saber: um catecismo do direito. Ele teria de conter casos que fossem populares, que ocorressem na vida ordinária, e nos quais sempre, de modo despretensioso, houvesse de surgir a questão se algo é justo ou não. Por exemplo, se alguém que, tendo de pagar seu credor hoje, ficasse comovido ao ver um necessitado e lhe doasse o montante que deve e que haveria de pagar agora: é justo ou não? Não! É injusto, pois tenho de ser livre quando quiser fazer caridade. E, se eu der o dinheiro ao pobre, faço uma obra meritória; se pago minha dívida, porém, faço uma obra obrigatória. Ademais: seria permitido mentir por necessidade? Não! Não é possível conceber nenhum caso em que fazê-lo merecesse desculpa, muito menos perante as crianças, que costumam tomar por necessidade qualquer coisa insignificante e não raro permitem-se dizer mentiras. Contudo, se já houvesse um livro catequista do tipo, seria possível, com muito proveito, tirar uma hora por dia para ensinar às crianças o direito peculiar aos seres humanos, essa dileção de Deus na Terra, e fazer com que o aceitem no coração.

Quanto à obrigação de realizar caridade, trata-se apenas de uma obrigação parcial. Também não se deve amolecer tanto o coração das crianças de modo que ele se afete pelas vicissitudes de outrem; antes, deve-se torná-lo estrênuo. Que ele seja imbuído não de sentimento, mas da ideia do dever. De fato, muitas pessoas se tornaram impiedosas porque, antes condolentes, frequentemente se viram defraudadas. É inútil querer tornar compreensível a alguma criança o caráter meritório das ações. Com muita frequência os clérigos cometem o erro de imaginar a obra de caridade como algo de meritório. Sem considerar que, com referência a Deus, nunca podemos fazer mais do que nossa obrigação; assim, fazer algo de bom ao pobre também é apenas nosso dever. Pois a desigualdade de abastança entre os seres humanos tem mesmo origem somente em circunstâncias ocasionais. Se eu possuo alguma fortuna, portanto, isso também se deve apenas à ingerência dessas circunstâncias, a qual é lograda ou por mim mesmo ou por meus predecessores, e a referência ao todo se mantém sempre a mesma.

A inveja é suscitada quando se chama a atenção da criança para estimar a si mesma considerando o valor de outrem. Antes, ela deve se estimar segundo os conceitos da sua própria razão. Por isso que a humildade, a rigor, não é outra coisa senão uma comparação do valor próprio com a perfeição moral. Assim, por exemplo, a religião cristã não tanto ensina a humildade; antes, ela torna o ser humano humilde porque, segundo a mesma, ele deve se comparar com o padrão mais elevado de perfeição. É muito errado dizer que a humildade consiste em estimar menos a si mesmo do que aos demais – "Olha como estas e aquelas crianças se comportam!", e coisas do tipo. Um chamamento de atenção dessa espécie só faz gerar uma maneira pensar bem ignóbil. Quando o ser humano estima seu próprio valor relativamente a outrem, ele busca ou se colocar acima do outro, ou então diminui o valor deste. Nesse último caso, porém, trata-se de inveja. Busca-se sempre, então, apenas imputar uma infração ao outro; pois, se ele não existisse, também não poderíamos nos comparar com o mesmo, e assim seríamos o melhor. Mediante o espírito da emulação, mal aplicado, apenas se suscita inveja. O caso no qual a emulação ainda poderia servir a algo seria o de convencer alguém a respeito da exequibilidade de alguma coisa – por exemplo, se exijo da criança certa carga de tarefas e lhe mostro que outras conseguem lavá-la a cabo.

Não se deve deixar que uma criança envergonhe a outra, de maneira nenhuma. Deve-se buscar evitar todo orgulho que esteja fundado nos privilégios da felicidade. Mas ao mesmo tempo é necessário buscar instituir franqueza nas crianças. Esta é uma modesta confiança em si mesmo. Por meio da franqueza, o ser humano é posto em condições de mostrar, de modo apropriado, todos os seus talentos. A franqueza tem de ser distinguida da insolência, que consiste na indiferença com relação ao juízo de outrem.

Todos os apetites do ser humano são ou formais (liberdade e capacidade) ou materiais (referentes a um objeto), são apetites próprios ao delírio ou à fruição, ou então, por fim, referem-se à mera perduração de ambos como elementos da felicidade.

Apetites da primeira espécie são: ambição desmedida, sede de poder e ganância. Os da segunda são: fruição sexual (volúpia), fruição material (vida regalada), ou então fruição em companhia (gosto pela conversa). Finalmente, apetites da terceira espécie são: amor ao viver, amor à saúde e amor à comodidade (no futuro, ausência de preocupações).

Vícios, porém, são ou os da maldade ou da baixeza, ou então da estreiteza. Aos primeiros pertencem: a inveja, a ingratidão e a alegria com o mal alheio. Aos da segunda espécie, pertencem: a injustiça, a deslealdade (falsidade) e a indolência, no esbanjamento tanto dos bens e da saúde (intemperança) como da honra. Vícios da terceira espécie são: a insensibilidade, a avareza e a letargia (malemolência).

As virtudes são ou virtudes do *mérito* ou meramente da *obrigação*, ou então da *inocência*. Pertencem às primeiras: a generosidade (na força de vontade para superar tanto o sentimento de vingança, como a comodidade e a ganância), a caridade e o domínio de si. Pertencem às segundas: a retidão, a decência e a pacificidade. Por fim, pertencem às terceiras: a honestidade, a compostura e a frugalidade.

Mas será que o ser humano, moralmente, é bom ou mal por natureza? Nenhum dos dois, pois, por natureza, ele não chega a ser um ser moral; isso ele se torna apenas quando sua razão se eleva até alcançar os conceitos do dever e da lei. Entretanto, pode-se dizer que ele tem em si, originalmente, impulsos a todos os vícios, pois tem inclinações e instintos que o incitam, ainda que a razão o conduza ao oposto. Daí ele só conseguir se tornar moralmente bom mediante a virtude, ou seja, por autocoação, embora, sem impulsos, ele possa ser inocente.

Na maioria das vezes, os vícios provêm da circunstância de o estado civilizado fazer violência à natureza, e, enquanto seres humanos, nosso destino é, de fato, abandonar o estado natural bruto, no qual somos animais. Arte perfeita se torna, de novo, natureza.

Na educação, tudo tem por base que sejam estabelecidos os fundamentos corretos em geral, e que estes se tornem compreensíveis e aceitáveis às crianças. Elas têm de aprender a substituir o ódio pela abominação à repugnância e ao disparate; devem aprender a substituir a repulsa externa às pessoas e às punições divinas pela repulsa interior; a opinião das pessoas deve dar lugar à autoestima e à dignidade interna – valor intrínseco da ação e da atividade no lugar das palavras e da moção do ânimo –; entendimento no lugar do sentimento – e deixar que a alegria e a piedade de boa índole tomem o lugar da devoção morosa, tímida e taciturna.

Acima de tudo, porém, deve-se prevenir, também, para que as crianças nunca superestimem a *merita fortunae.*

* * *

No que diz respeito à educação das crianças com referência à religião, a primeira questão que surge é se seria exequível ensinar, logo cedo, conceitos religiosos às crianças. Na pedagogia, isso foi objeto de várias controvérsias. Conceitos religiosos sempre pressupõem alguma teologia. Mas será que alguma teologia lograria ser ensinada à juventude, que ainda não conhece o mundo nem a si mesma? Será que a juventude, que ainda não conhece o dever, estaria em condições de conceber algum dever imediato perante Deus? É certo apenas que, se fosse exequível que crianças não viessem a presenciar nenhuma ação de veneração voltada ao ser supremo, nem mesmo a escutar o nome de Deus, seria apropriado à ordem das coisas que elas fossem apresentadas primeiro aos propósitos e àquilo que convém ao ser humano, apurar sua faculdade de julgamento; seria apropriado ensinar-lhes a ordem e a beleza das obras da natureza, depois acrescentar ainda um conhecimento ampliado acerca do estruturamento do universo, e só então lhes revelar o conceito de um ser supremo, de um legislador. Contudo, porque isso não é possível na nossa situação de agora, acabaria que, se elas viessem a escutar o nome de Deus e a presenciar os assim denominados serviços religiosos – não obstante a pretensão de ensinar-lhes somente mais tarde algo a respeito de Deus –, isso produziria nas crianças ou uma indiferença ou faria com que assimilassem conceitos distorcidos – por exemplo, um temor do poder divino. Mas, por ser preocupante que esse medo possa se instalar na fantasia das crianças, é necessário, para evitá-lo, buscar ensinar-lhes conceitos religiosos logo cedo. Isso não tem que ser obra da memória, nem mera imitação ou pura macaqueação; antes, o caminho que se escolhe deve ser sempre adequado à natureza. Mesmo sem conceitos abstratos de dever, de obrigações, de bom comportamento ou de má conduta, as crianças compreendem que há uma lei do dever, que esta há de ser determinada não por contentamento, utilidade nem por coisas do tipo, mas por algo de universal que não se guie pelos caprichos dos seres humanos. Mas o próprio mestre deve formar esse conceito para si mesmo.

Inicialmente, tudo deve ser atribuído à natureza, mas esta mesma tem de ser atribuída depois a Deus – como tudo esteve voltado primeiro à preservação das espécies e ao seu equilíbrio, mas, ao mesmo tempo, desde uma perspectiva mais ampla, tudo também se dispôs ao ser humano para que ele mesmo se fizesse feliz.

Em primeiro lugar, a melhor maneira de tornar claro o conceito de Deus seria em uma analogia com o conceito de um pai sob cujos cuidados nós nos encontramos, de modo que depois, com grande proveito, a criança possa ser orientada a respeito da unidade dos seres humanos como unidade em uma família.

Mas o que seria a religião? Religião é a lei em nós, na medida em que ela obtenha ênfase a partir de um legislador e juiz acima de nós; é uma moral aplicada ao conhecimento de Deus. Se a religião não for vinculada à moralidade, a primeira se torna mera solicitação de favores. Louvores, preces e idas à igreja devem somente dar nova força ao ser humano, nova animação para se tornar melhor, ou então ser a expressão de um coração animado pela ideia de dever. São apenas preparações para boas obras, mas não são boas obras em si mesmas, e não há modo de agradar o ser supremo senão se tornando um ser humano melhor.

Antes de tudo, deve-se introduzir a criança na lei que ela tem em si. O ser humano é desprezível a si mesmo se vicioso. Esse fato tem fundamento no próprio ser humano, e ocorre não somente porque Deus proibiu o mal. Pois não é necessário que o legislador também seja, ao mesmo tempo, o autor da lei. Assim, um príncipe pode proibir o furto em seu território e nem por isso será chamado de autor da proibição do roubo. A partir disso o ser humano aprende a reconhecer que somente o seu bom comportamento o torna digno de felicidade. A lei divina tem que aparecer, ao mesmo tempo, como lei natural, pois não é arbitrária. Daí a religião pertencer a toda moralidade.

Mas não se deve começar com a teologia. A religião que se funda apenas em teologia não logrará nunca conter algo de moral. Nela, tem-se, por um lado, apenas temor e, por outro, intuitos e disposições voltadas à obtenção de recompensas, e disso só resulta, então, um culto supersticioso. Moralidade, portanto, deve preceder; teologia deve seguir à mesma, e isso se chama religião.

A lei em nós se chama consciência. A rigor, a consciência é a aplicação das nossas ações a essa lei. As repreensões da mesma não terão efeito caso não seja pensada como representante de Deus, que erigiu seu trono sublime acima de nós, mas que também estabeleceu uma cátedra de juiz em nosso interior. Se a religião não se somar à conscienciosidade moral, ela é sem eficácia. Sem conscienciosidade moral, a religião é um culto supersticioso. Pretende-se servir a Deus, por exemplo, louvando-o, exaltando o seu poder, a sua sabedoria, sem pensar no modo como observar as leis divinas, sem nem mesmo conhecer e inquirir seu poder, sua sabedoria etc. Esses louvores são um opiato para a consciência de tais gentes, e um travesseiro com o qual devem dormir tranquilos.

Crianças não conseguem apreender todos os conceitos religiosos, mas alguns devem lhes ser ensinados independentemente desse fato; só que estes têm de ser mais negativos do que positivos. Exigir que as crianças recitem fórmulas não serve para nada e cria apenas um conceito distorcido de piedade. A verdadeira veneração divina consiste em agir conforme a vontade de Deus, e é isso o que deve ser ensinado às crianças. É preciso atentar para que o nome de Deus não seja usado em vão com tanta frequência pelas crianças, como também por nós mesmos. Quando ele é utilizado em felicitações, até mesmo com intuito religioso, isso também é um uso em vão. Em cada pronúncia de seu nome, o conceito de Deus há de imbuir o ser humano de reverência e, por isso, este deveria utilizá-lo raramente, e nunca de modo leviano. A criança tem que aprender a reverenciar a Deus como senhor da vida e de todo o mundo; ademais como o providente dos seres humanos e, por fim, em terceiro lugar, como o juiz dos mesmos. Diz-se que Newton parava e meditava brevemente sempre que pronunciava o nome de Deus.

Por meio de uma elucidação combinada dos conceitos de Deus e de dever, a criança aprende de forma ainda melhor a respeitar o provimento divino às criaturas, e assim ela é resguardada da inclinação à destruição e à crueldade, que se manifesta com tanta frequência no martírio de pequenos animais. Ao mesmo tempo, deve-se, também, instruir a juventude a descobrir o bem no mal – predadores e insetos, por exemplo, são exemplos de asseio e diligência. A existência de seres humanos maus dá ensejo à criação de leis. Pássaros que caçam larvas são zeladores do jardim etc.

Assim, é necessário ensinar às crianças alguns conceitos referentes ao ser supremo, para que, quando veem outros rezando etc., possam saber o destinatário e o porquê dessas preces. Em número, porém, esses conceitos devem ser alguns poucos e, como dito, têm de ser negativos. Mas é necessário que o ensino comece na primeira juventude, só que de modo a atentar para que elas não acabem por estimar as pessoas considerando a observância religiosa das mesmas, pois, apesar da diversidade de religiões, há, por toda parte, uma unidade religiosa.

* * *

Para concluir, gostaríamos de fazer aqui algumas observações que devem ser consideradas principalmente pelo jovem a entrar na adolescência. Nessa época, o jovem começa a fazer certas distinções. *Em primeiro lugar*, a saber, a distinção entre os sexos. Sobre esta a natureza lançou certo véu de mistério, como se o assunto fosse algo não tão decente para o ser humano e se tratasse apenas de uma necessidade própria à animalidade encontrada nele. Mas a natureza buscou relacionar essa matéria a toda espécie possível de moralidade. Nessa questão, mesmo as nações selváticas portam-se com uma espécie de vergonha e reserva. Às vezes, as crianças fazem perguntas indiscretas aos adultos sobre isso. Por exemplo: "De onde vêm as crianças?" Mas elas são facilmente contentadas, ou quando recebem respostas pouco razoáveis que nada significam, ou então quando replicamos que aquela seria uma pergunta infantil.

No jovem, o desenvolvimento dessas inclinações é mecânico, e, como no caso de qualquer instinto, ocorre que elas se desenvolvem mesmo sem conhecer algum objeto. Aqui, portanto, é impossível manter o jovem na ignorância e na inocência que acompanha a última. Mas o silêncio só faz o mal se agravar. Isso se nota na educação dos nossos antepassados. Em tempos, mais recentes, assume-se corretamente, em relação à educação, que seria necessário falar com o jovem sobre esse assunto, de modo franco, claro e resoluto. Trata-se, certamente, de um ponto delicado, porque não apraz considerá-lo objeto de uma conversação pública. Mas tudo é reparado ao falar com digna seriedade sobre o tema e ao abordar as suas inclinações.

O décimo-terceiro ano, ou o décimo-quarto, costuma ser o momento em que a inclinação ao sexo se desenvolve no jovem (caso isso tenha ocorrido mais cedo, as crianças devem ter sido seduzidas e corrompidas por maus exemplos). Nessa época, sua faculdade do juízo também já está desenvolvida e a natureza já a preparou, de modo que é possível lhes falar a respeito.

Nada enfraquece mais o espírito e o corpo do que a espécie de volúpia que é dirigida a si mesmo, e ela é totalmente contrária à natureza do ser humano. Mas isso também não deve ser escondido do jovem. É necessário expô-la em toda sua abominação, dizer ao jovem que ela o torna inútil à reprodução da estirpe, que ela faz com que as forças corporais sejam arruinadas no maior grau, que assim ele envelhece prematuramente e que seu espírito muito padece ao fazê-lo etc.

Pode-se escapar dos impulsos dessa espécie de volúpia por meio da ocupação constante, de modo que não seja dedicado à cama e ao sono um tempo além do necessário. Aqueles pensamentos devem ser tirados da cabeça mediante essas ocupações, pois basta que o objeto permaneça na imaginação para que ele consuma a força vital. Se sua inclinação estiver dirigida ao sexo oposto, ela ao menos encontra alguma resistência; se dirigida a si mesmo, contudo, ela pode ser satisfeita a todo o momento. O efeito físico é extremamente prejudicial, mas as consequências são ainda piores em relação à moralidade. Aqui são transgredidos os limites da natureza, e a inclinação segue em seu ímpeto, desenfreada, porque não ocorre nenhuma satisfação real. Mestres de jovens adultos levantaram a questão se seria permitido que um jovem se envolvesse com alguém do outro sexo. Se fosse necessário escolher algum dos dois casos, não há dúvidas de que este segundo seria melhor. No primeiro, o jovem age contrariamente à natureza; no segundo caso, isso já não ocorre. A natureza deu-lhe vocação para a hombridade logo que atingisse a maioridade, e, portanto, também para reproduzir sua espécie; mas as necessidades próprias ao ser humano em um estado cultivado fazem com que ele nem sempre possa educar suas crianças. Aqui, portanto, ele atenta contra a ordem civil. Assim, é melhor, e isso é dever, que o jovem espere até que se encontre em condições de contrair matrimônio, de modo ordenado. Nesse caso, ele age não apenas como um bom ser humano, mas como um bom cidadão.

Que o jovem aprenda cedo a nutrir um respeito decente pelo sexo oposto, a adquirir o mesmo respeito mediante atividade livre de vício e, assim, a aspirar ao alto prêmio de um matrimônio feliz.

Uma segunda distinção que o jovem começa a fazer perto da época em que ingressa na sociedade consiste no conhecimento acerca da diferença entre os estamentos e acerca da desigualdade entre os seres humanos. Não se deve permitir que ele as note quando criança. Não se deve nem mesmo admitir que dê ordem aos criados. Se a criança vir que os pais dão ordens aos criados, pode-se dizer-lhe, se preciso for: "Damos-lhes pão e eles nos obedecem em troca; tu não o fazes, e por isso eles também não devem te obedecer." As crianças acabam por não saber nada a respeito se os pais mesmos não lhe ensinam essa ilusão. É necessário mostrar ao jovem que a desigualdade entre os seres humanos é uma instituição que surgiu quando uma pessoa buscou tirar vantagem de outrem. A consciência da igualdade entre os seres humanos, não obstante a desigualdade entre cidadãos, pode lhe ser ensinada aos poucos.

Deve-se atentar para que o jovem estime a si mesmo de maneira absoluta, e não relativamente a outrem. Vaidade é a grande estima dos outros em relação a algo que está longe de constituir o valor do ser humano. Ademais, deve-se ainda indicar-lhe a importância da conscienciosidade em todas as coisas, e também a importância de não apenas parecer almejá-la nesse ponto, mas de fazê-lo em tudo. Deve-se chamar sua atenção para que não deixe que alguma resolução bem refletida se torne uma resolução vazia, isso sob nenhum aspecto. É preferível não ter de fazer nenhuma resolução e deixar em dúvida a matéria. Deve-se indicar a importância da frugalidade com as circunstâncias extrínsecas e a da transigência no trabalhar: "*sustine et abstine*" – deve-se indicar a importância da frugalidade nos prazeres. Se alguém não apenas reivindica prazeres, mas também pretende ser transigente no trabalhar, ele será um membro útil da comunidade e se livrará do tédio.

Ademais, deve-se indicar ao jovem a importância da alegria e do bom humor. A alegria do coração surge quando não há repreensão a ser feita a si mesmo. Deve-se indicar a importância da estabilidade do temperamento. Mediante prática, pode-se lograr estar sempre disposto a ser um membro exultante da sociedade.

Deve-se indicar a importância de considerar várias coisas como dever, sempre. Uma ação deve ter valor para mim não por ir ao encontro da minha inclinação, mas porque, ao executá-la, cumpro meu dever.

Deve-se indicar a importância do altruísmo e, depois, também a dos sentimentos cosmopolitas. Em nossa alma, há algo que nos faz voltar nossos interesses 1) a nós mesmos, 2) às outras pessoas com as quais crescemos, e deve haver ainda 3) um interesse pelo bem universal. Deve-se apresentar esse interesse às crianças, para que possam acalentar suas almas com ele. Elas devem se alegrar com o bem universal, mesmo na ocasião em que ele não traga vantagem à sua pátria nem proveito próprio.

Deve-se indicar a importância de dar pouco valor à fruição dos prazeres da vida. Assim desaparecerá o medo pueril da morte. Deve-se mostrar ao jovem que a fruição não traz aquilo que o prospecto prometera.

Por fim, deve-se indicar a necessidade do acerto diário de contas com si mesmo, para que, no término da sua vida, seja possível uma apreciação do valor desta.

LEIA TAMBÉM:

A educação pode mudar a sociedade?

Michael W. Apple

Apesar das grandes diferenças políticas e ideológicas em relação ao papel da educação na produção da desigualdade, há um elemento comum partilhado tanto por professores quanto por liberais: A educação pode e deve fazer algo pela sociedade, restaurar o que está sendo perdido ou alterar radicalmente o que existe?

A questão foi colocada de forma mais sucinta pelo educador radical George Counts em 1932, quando perguntou: "A escola ousaria construir uma nova ordem social?", desafiando gerações inteiras de educadores a participar, ou, de fato, a liderar a reconstrução da sociedade.

Mais de 70 anos depois, o celebrado educador, autor e ativista Michael Apple revisita os trabalhos icônicos de Counts, compara-os às vozes igualmente poderosas de pessoas minorizadas, e, mais uma vez, faz a pergunta aparentemente simples: se a educação realmente tem o poder de mudar a sociedade.

Michael W. Apple é Professor *John Bascom* de Currículo e Instrução e Estudos de Política Educacional na University of Wisconsin, Madison, EUA.

LEIA TAMBÉM:

Métodos de pesquisa para a pedagogia

Melanie Nind, Alicia Curtin e Kathy Hall

Essa obra pertence, em sua edição original, a uma série chamada *Métodos de pesquisa para a educação*, cujo intuito é fornecer livros que sejam úteis aos pesquisadores que desejam pensar sobre métodos de pesquisa no contexto de sua área, de seu problema de pesquisa ou de seus objetivos de pesquisa.

Embora os pesquisadores possam utilizar qualquer manual de métodos para ideias e inspiração, têm de arcar com o ônus de aplicar uma parte dos métodos de pesquisa das ciências sociais à educação em particular, ou os métodos de pesquisa da educação a uma dimensão particular da educação (pedagogia, escolas, a dimensão digital, aprendizado profissional, para nomear alguns exemplos). Essa aplicação de ideias não está distante de nós e levou a muitas pesquisas e também ao desenvolvimento de metodologias.

Esse livro, contudo, é mais direcionado, tornando-o um bom ponto de partida para estudantes, pesquisadores ou alguém que deseja formular uma proposta de pesquisa. Ele reúne várias possibilidades, por vezes interconectadas e diversas, para investigar contextos, setores, problemas ou fenômenos da educação. Assim, você encontrará prontamente uma discussão sobre os métodos relacionados àquela parte da pesquisa em educação pela qual se interessa; mas, além disso, encontrará métodos e abordagens menos óbvias e mais inovadoras.

Melanie Nind: Ph.D., professora de Educação, Universidade de Southampton, Reino Unido, tem uma longa história de ensino e pesquisa focada no interativo, no inclusivo e no pedagógico. Atualmente, investiga as pedagogias aplicadas em cursos de curta duração sobre métodos de pesquisa em ciências sociais avançadas. Este trabalho é parte de um programa de pesquisa pedagógica do National Centre for Research Methods (Centro Nacional de Métodos de Pesquisa), onde Melanie é codiretora. Ela coedita a *International Journal of Research & Method in Education* e é diretora do Centre for Research in Inclusion (Centro para a Pesquisa em Inclusão) na Southampton Education School.

Alicia Curtin: Ph.D., professora na University College Cork, Irlanda, conduz pesquisa empregando a teoria sociocultural para explorar temas altamente relevantes à educação e à aprendizagem. Esses incluem literacias de adolescentes na e fora da escola; língua e identidade e perspectivas neurocientíficas em literacia e aprendizado. Seu *design* de pesquisa mais recente (com Kathy Hall) investiga o aprendizado no ambiente de trabalho profissional de professores experientes.

Kathy Hall: Ph.D., professora de Educação e diretora da University College Cork, Irlanda, é uma experiente professora escolar, pesquisadora, professora universitária e autora com interesse consolidado em pedagogia no sentido mais amplo. Suas recentes publicações incluem *Networks of mind: learning, culture, neuroscience* (Redes da mente: aprendizado, cultura, neurociência), de 2013, com Curtin e Rutherford.

CULTURAL

Administração – Antropologia – Biografias
Comunicação – Dinâmicas e Jogos
Ecologia e Meio Ambiente – Educação e Pedagogia
Filosofia – História – Letras e Literatura
Obras de referência – Política – Psicologia
Saúde e Nutrição – Serviço Social e Trabalho
Sociologia

CATEQUÉTICO PASTORAL

Catequese – Pastoral
Ensino religioso

REVISTAS

Concilium – Estudos Bíblicos
Grande Sinal – REB

TEOLÓGICO ESPIRITUAL

Biografias – Devocionários – Espiritualidade e Mística
Espiritualidade Mariana – Franciscanismo
Autoconhecimento – Liturgia – Obras de referência
Sagrada Escritura e Livros Apócrifos – Teologia

VOZES NOBILIS

Uma linha editorial especial, com importantes autores, alto valor agregado e qualidade superior.

PRODUTOS SAZONAIS

Folhinha do Sagrado Coração de Jesus
Calendário de mesa do Sagrado Coração de Jesus
Almanaque Santo Antônio – Agendinha
Diário Vozes – Meditações para o dia a dia
Encontro diário com Deus – Guia Litúrgico

VOZES DE BOLSO

Obras clássicas de Ciências Humanas em formato de bolso.

CADASTRE-SE
www.vozes.com.br

EDITORA VOZES LTDA.
Rua Frei Luís, 100 – Centro – Cep 25689-900 – Petrópolis, RJ
Tel.: (24) 2233-9000 – Fax: (24) 2231-4676 – E-mail: vendas@vozes.com.br

UNIDADES NO BRASIL: Belo Horizonte, MG – Brasília, DF – Campinas, SP – Cuiabá, MT
Curitiba, PR – Fortaleza, CE – Juiz de Fora, MG – Petrópolis, RJ – Recife, PE – São Paulo, SP